I0304019

www.ingramcontent.com/pod-product-compliance
Lightning Source LLC
Chambersburg PA
CBHW041512220426
43661CB00048B/1543
9780692732724

בינינו

Yours Truly

Hebrew from the Heart of Texas

Esther Raizen

Center for Middle Eastern Studies

The University of Texas at Austin

Copyright © 2016 by the Center for Middle Eastern Studies at The University of Texas at Austin and Esther Raizen.

All rights reserved. No part of this book or of the *Yours Truly* units posted online as open-access PDF documents (http://laits.utexas.edu/hebrew/yours-truly) may be reproduced or utilized in any form or by any means, electronic or mechanical, including photocopying and recording, or by any information storage and retrieval system, without permission in writing from the publisher.

Printed in the United States of America

Cover Design: Samantha Strohmeyer and LAITS design team (see page *x*)

Voice Actors: Alina Gitnik and Philip Zhakevich

Library of Congress Control Number: 2016909425

ISBN: 978-0-692-73272-4

The *Yours Truly* project would not have been possible without the steadfast support of the College of Liberal Arts' Instructional Technology Services (LAITS) staffers, for which I am grateful.

Contents

About *Yours Truly: Hebrew from the Heart of Texas (בינינו)* iv

יחידה א Unit 1 11

יחידה ב Unit 2 20

יחידה ג Unit 3 27

יחידה ד Unit 4 34

יחידה ה Unit 5 41

יחידה ו Unit 6 47

יחידה ז Unit 7 53

יחידה ח Unit 8 59

יחידה ט Unit 9 66

יחידה י Unit 10 73

יחידה יא Unit 11 80

יחידה יב Unit 12 88

יחידה יג Unit 13 96

יחידה יד Unit 14 103

יחידה טו Unit 15 111

יחידה טז Unit 16 118

יחידה יז Unit 17 125

יחידה יח Unit 18 133

יחידה יט Unit 19 141

יחידה כ Unit 20 148

Glossary 155

About *Yours Truly: Hebrew from the Heart of Texas* (ביניינו)

Yours Truly: Hebrew from the Heart of Texas (ביניינו) is a set of listening-comprehension units, intended for use with students at the college level. Some units may be useful for high school students, but the set is certainly not intended for younger age groups. At the University of Texas at Austin these units are delivered over the course of two semesters, about thirty weeks total, at the end of which all students are expected to function at the intermediate-low level of proficiency as defined by ACTFL and some may function at higher levels. The set was loosely designed to supplement the local curriculum, with Esther Raizen's *Modern Hebrew for Beginners* and *Modern Hebrew for Intermediate Students* at its core. It can be used independently of that curriculum, with the understanding that it is not meant to function as a primary text.

All *Yours Truly* units are posted in PDF and MP3 formats as open-access materials. The texts, sound files and links to exercises and related vocabulary games (flashcards, matching, and concentration) are available at http://laits.utexas.edu/hebrew/yours-truly.

Yours Truly is structured in twenty units. Each unit offers an episode from the lives of two fictional University of Texas students: Ruth, who grew up in Israel and came to the US with her parents, and Yoni, an American who studied Hebrew in Israel and in the US. The recorded voices indeed belong to Alina Gitnik, who grew up in Israel, and to Philip Zhakevich, who grew up in the US.

All characters appearing in *Yours Truly* and the situations they describe are fictitious. Any resemblance to real persons, living or dead, or situations, is purely coincidental.

Each unit begins with a pre-listening activity ("Before you start") which is mostly mechanical in nature: Students are exposed to ten or so keywords from the text, and are asked to interact with these words and with the text as a whole while working through two online drag-and-drop exercises in our Humpty-Dumpty portal. In these exercises students are presented with a sound file and a parallel written text that is scrambled at the word, sentence, or paragraph level: Their task is to reorganize the segments of the written text and reorder them to match the sound file (or, to use Humpty-Dumpty terms, "put it together again"). The keywords call attention to the gist of the text, and while it may take three weeks or so for students to get used to working with texts that are not available to them word-by-word, they eventually adjust to performing tasks that require some guesswork and reliance on the broad context of the text in addition to the keywords. A final glossary, organized alphabetically to correspond to the words included in the recorded texts, may help students who master sound-letter correspondences.

Following the initial interaction with the text through the portal, students are presented with eight to twelve exercises in which they are asked to respond to various problems based on the unit text. As they work through the exercises, they must listen to the text a number of times—at no point are they presented with the text as a whole in written form. Some students may, inevitably, try to piece together the full text in writing by going through the various exercises and comparing their components, or by utilizing the Humpty Dumpty portal. This ultimately proves to be more difficult than listening to the sound file, which is the core of the exercises. Our experience shows that students figure out very quickly that going through the exercises in a straight-forward manner is the best way to proceed, and that interacting with the same information in different ways and from different angles is the key to successful retention of vocabulary and internalization of sentence structures.

Having gone through a set of problems that require identification of individual words, phrases, and sentences, all while listening to the sound file, students are asked to rephrase some of the text elements, respond to questions about the text, identify its main ideas, and, finally, apply some of the situations present in the text to their own experiences and add an element to the story line—write about a character, a prop, or a situation, or add a drawing. With all this done outside of the classroom in preparation for a class discussion, students come to class ready to interact with each other based on the broad framework of the unit text and the developing saga of the main characters and their different family members and friends. The class discussion serves as the post-listening activity, and while the degree of preparation may naturally vary among students, every effort should be made to highlight the dependence of class activity on the work done in preparation. This, we find, is one of the greatest challenges of the intensive model that we have adopted in UT Austin, as students are more familiar with the model that assigns homework based on class activity, not the other way round.

Some of the topics included in the units may be sensitive—illness, depression, layoffs, dissatisfaction with school, struggling with religion, heritage, and politics—these are good conversation generators, but teachers should take great care to make sure that the discussion does not bring about distress or make students exceedingly uncomfortable. Activities most suitable for post-listening are class discussions, role-play in pairs or groups, staged monologs (individual students take the role of a character and speak as that character), "pro and con" debates on a topic, and discussions about the visuals of the unit itself and those created by the students as part of the class-preparation activity.

Below you will find references to the various exercise categories. Each entry provides the instructions given to the students as they engage with the exercise, and a note explaining the main purpose of the exercises in this category and the logic behind their design. The headphones icon indicates exercises in which students are expected to listen to the sound file continuously as they fill out the blanks; for the other exercises they can listen to the sound file as a whole or in part before they start working, or work without the sound file altogether.

Exercise Categories

Fill in the missing words:

(instructions) As you listen to the sound file, identify the missing words, and fill in the blanks in the text below, following the example.

This exercise focuses students' attention on verbs, prepositions and other particles, time expressions, adjectives, adverbs and other words that can be organized conceptually based on their grammatical or lexical function. It draws attention to the words themselves, to their placement within the sentence, and also to some grammatical features (e.g., agreement). In some of the exercises we give more specific statements regarding what the student is listening for (e.g., you are listening for the personal pronouns הוא, היא, הם).

Fill in the missing words:

(instructions) As you listen to the sound file, identify the missing words and fill in the blanks in the text below following the example. The omissions have no particular focus—they are mechanical (every fifth word).

This exercise uses a cloze-like technique. Every fifth word is omitted from the text, and students are asked to listen to the sound file and fill in the missing words. The exercise focuses less on comprehension and more on close listening and adjusting to the flow of the spoken text.

Reorganization/Paraphrasing:

(Instructions) In this exercise you will be paraphrasing the text and reorganizing its information. First listen to the sound file. Then read the statements below, and fill in the blanks, drawing your information from the text.

In this exercise, students are asked to reorganize the content provided in the sound file, demonstrating comprehension of both the broad context and the text details. The information is re-stated in a different way, and the student is asked to leave the comfort of the text as it is presented and process the information in an alternative manner.

Correct/Incorrect:

(instructions) Having listened to the sound file, read the following statements. For each one indicate whether it is correct (✓) or incorrect (✗) by circling the appropriate sign. In the set there is one (and only one) statement which may or may not be correct. We can make an educated guess, but we cannot tell for sure based on the information provided in the sound file—for this statement select the question mark. (?)

The exercise forces the student to engage in depth with the text and employ higher-order thinking skills. The possibility of one ambiguous statement (only one in each set) adds an extra challenge and forces a deeper comprehension level. Unit 5 introduces the exercise with correct or incorrect statements only, and the ambiguous statements are introduced as of unit 6.

What statement best describes the text as a whole?

(instructions) All these topics are present in our text. Circle the one that best describes the text as a whole.

This exercise forces the student to engage in depth with the text and identify the main issue presented, which depends on the comprehension of the manner in which various text components relate to one another. The exercise requires the analysis and synthesis of the information provided, and calls for the utilization of higher-order thinking skills.

This text is about all of these, except…

(instructions) Three of the statements below pertain to the text. The fourth does not, although it is very close and may look like it does. Identify the statement that DOES NOT pertain to the text.

This exercise forces the student to engage in depth with the text and isolate the different segments of content and the way they relate to one another. The students create a mental outline for the text, which is necessary for the exclusion of the non-relevant statement, again employing higher-order thinking skills.

In one word:

(instructions) Fill in the blanks: Provide **one** word that will complete the statements, relating them to the text.

This exercise focuses attention on the main points of the text, as students are asked to distill the information to its basics and be concise in their expression choices.

Identify parallel sentences:

(instructions) In this exercise you are given sentences that mimic sentences from the text. Listen to the sound file, and then identify the sentences in the text for which a parallel sentence is given below, following the example.

The student is given paraphrased statements, and is asked to go back to the text and identify the original statement, which cannot be done unless the student comprehends both the paraphrase and the original text and has a good portion of the sound file internalized.

Direct and indirect speech:

(instructions) In this exercise the statement are given in direct or indirect speech. Direct speech implies a quote (e.g., Yoni: "Ruth has difficulties with her professors."), and indirect speech implies a report (e.g., Yoni says that Ruth has difficulties with her professors.) Using verbs like *say, tell, think*, or *ask*, provide the parallel indirect עקיף or direct ישיר speech version for each of the given sentences, so that each sentence appears in two versions, the way it does in the example.

The paraphrasing mechanism allows for substitutions of personal pronouns and verb forms and reinforces the use of subordination mechanisms, forcing the students to form complex sentences.

Matching:

(instructions) Match a word or phrase in the right-hand column with its opposite (or a very different parallel) in the left-hand column.

This exercise targets vocabulary retention.

In one sentence:

(instructions) Responding to the clue and completing the phrase below to form a full sentence, give an indication that you understand the situations in which such a phrase can be used. Your sentence should relate to your own experience, not to the text of this unit.

This exercise allows the student to relate to idioms and expressions (e.g., ‏בדרך כלל‎...), using them in a context that is independent of the story line and applicable to personal experiences.

Join the story line—make up a character!
(instruction) Join the story line—make up a character! Write a couple of words/ sentences about the following: [person/item listed, e.g., Ruth's scooter, Lilach's pet]

This exercise provides an opportunity to expand the set of characters and situations within the context of the story line, serving as an enrichment activity for the class and as an indication of the student's comprehension of the larger context of the unit. In some cases students are asked to enhance a minor character that is already present in the text. In the early units they should use single words or very short sentences, but in later units they should become bolder in their statements.

Students conclude the preparation work with a drawing that pertains to the character or to the story line in general. These drawings, like the visuals included in this revised version of *Yours Truly*, represent my expectation for students who are visually literate, owning a "set of abilities that enables an individual to effectively find, interpret, evaluate, use, and create images and visual media."[1] The *Yours Truly* illustrations present opportunities for discussing the cultural, aesthetic, ethical, and technical components of the images as stand-alone materials or as materials contextualized by the unit text. Such discussions may take place in English early in the course of training, but move into Hebrew already during the first semester.

Illustrations and Visuals

The illustrations are a combination of hand digital-drawn art and digital photo-collage. Characters and objects were drawn and colored using Adobe Illustrator; the background environments were created using copyright-free digital photos; character drawings, object drawings and photo-backgrounds were collaged for scenes using Adobe Photoshop.

Liberal Arts Instructional Technology Services (LAITS) Student Technology Assistants worked with me on the digital visualization of *Yours Truly* characters, objects and scenes. Over the span of a few semesters,

---

[1] ACRL Visual Literacy Competency Standards for Higher Education, http://www.ala.org/acrl/standards/visualliteracy

our group of student artists rendered characters, objects, and story scenes by interpreting written descriptions and scenarios that I had provided. While the illustrations by-and-large represent interpretations generated by artists who are in the same age group as the intended users, I used some of their raw materials to create four additional scenarios (units 11, 16, 18, and 19)—I suspect that users will be quick to recognize the difference between the two sets of illustrations, which, I hope, will provide an additional opportunity for analysis and discussion.

I am grateful to Suloni Robertson, Art Director of LAITS and supervisor of the illustration project, and to *Yours Truly* Student Technology Assistants and artists:
Reese Sun - lead character designer
Alexandra Garcia - lead story board artist and object illustrator /character designer
Felicia Pulicicchio - story board artist 2 and character designer
Leroy Rosales - object illustrator
Asche Hu - object illustrator
Kei Kudose - object illustrator
I am also grateful to Rabbi Daniel Septimus, Margo Sack and Liza Levine from the Texas Hillel, who provided the visuals of the The Topfer Center for Jewish Life at the Abe & Annie Seibel Building, included in some of the units.

Esther Raizen
Austin, Summer 2016

Unit 1　יחידה א

Before you start

1. Study the following keywords. There are many more words in the text, but you can figure out most of them by considering the context, and understand the text as a whole without focusing on each and every word.

Vocabulary flashcards with sound files and memory games for this unit are available at http://www.quia.com/jg/2070704.html (see image below).

All words can be found in the final glossary at the end of this book or online at http://www.laits.utexas.edu/hebrew/drupal/themes/hebrewgrid/yt/glossary.pdf.

קוראים לי　my name is...

אני ׀ I

father אבא

mother אמא

brother אח

sister אחות

uncle דוד

aunt דודה

For the next two exercises, you will need to access the Humpty Dumpty portal (see image below). You can find it at https://laits.utexas.edu/humptydumptyportal/home.

2. Complete the exercise *Unit Alef: Key Words* in the Humpty Dumpty portal.

3. Complete the exercise *Unit Alef: Ruth* in the Humpty Dumpty portal.

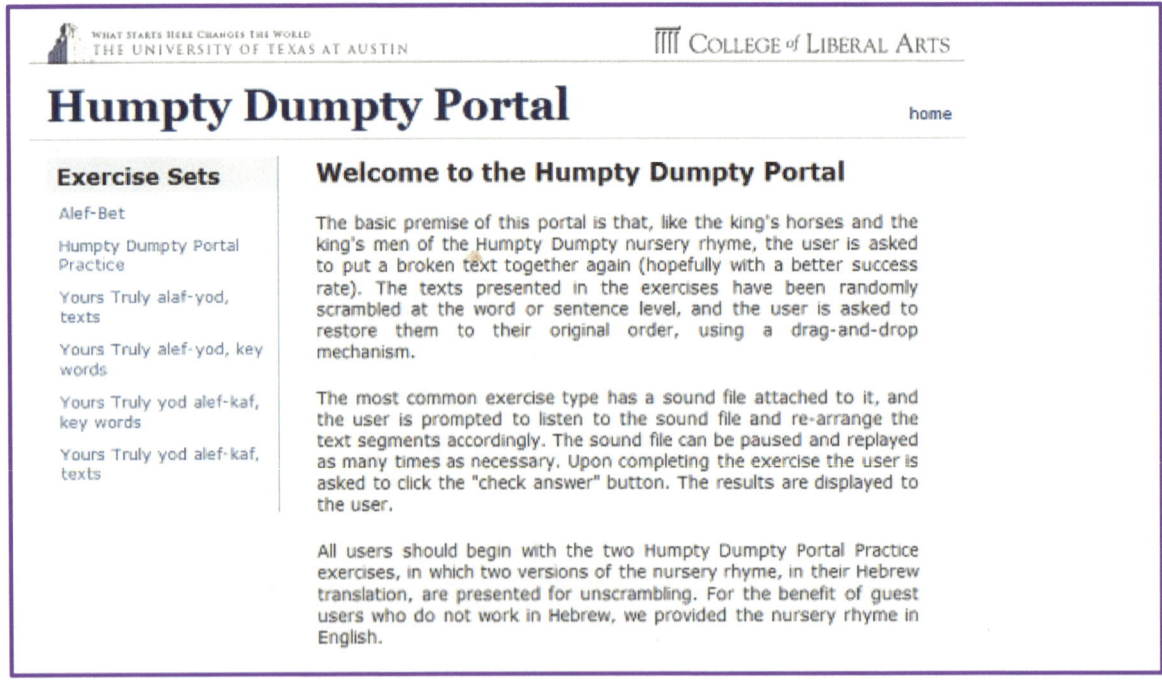

You are now ready to begin. You will need access to the sound file of the full text as you complete the exercises marked with the headphones icon. The sound files for all units are available at http://www.laits.utexas.edu/hebrew/yours-truly.

תרגיל א

Practice the use of "my name is": Fill in the blanks in the sentences below following the examples (in orange) in sentences 1 and 2. The slashes indicate structural options: Both structures can be used in Hebrew.

קוראים לי רות אלון.

The focus of this sentence is Ruth Alon.

קוראים לאבא שלי איתן. / לאבא שלי קוראים איתן.

The focus of this sentence is Ruth's father, Ethan.

1. __________ __אמא שלי דבורה. /__אמא שלי __________ דבורה.

The focus of this sentence is Ruth's mother, Deborah.

2. __________ __אח שלי ארז. /__אח שלי __________ ארז.

The focus of this sentence is Ruth's brother, Erez.

3. __________ __אחות שלי לילך. /__אחות שלי __________ לילך.

The focus of this sentence is Ruth's sister, Lilach (lilac).

4. __________ __דוד שלי שמעון. /__דוד שלי __________ שמעון.

.The focus of this sentence is Ruth's uncle, Shimeon (Simon)

5. __________ __דודה שלי דינה. /__דודה שלי __________ דינה.

The focus of this sentence is Ruth's aunt, Dinah.

תרגיל ב

Fill in the blanks: As you listen to the sound file, identify the prepositions missing in the text below, following the example. You are listening for the prepositions ב *in, at* and מ *from*.

רות אלון מישראל.

1. רות סטודנטית __אוניברסיטה של טקסס __אוסטין.

2. אבא של רות, איתן, __ישראל.

3. איתן עובד __אינטל __אוסטין.

4. אמא של רות, דבורה, __ניו יורק.

5. דבורה עובדת __אוניברסיטה.

6. יש לרות אח __ישראל ואחות __ניו יורק.

7. ארז __צבא.

8. לילך עובדת __בנק.

9. יש לרות דוד ודודה __ניו יורק: שמעון ודינה.

10. שמעון ודינה גרים __ברוקלין, ולילך גרה __בית שלהם.

תרגיל ג

Fill in the missing words: As you listen to the sound file, identify the missing words and fill in the blanks in the text below, following the example. You are listening for the subject pronouns

she היא	*he* הוא	*I* אני	*they* הם

קוראים לי רות אלון, ואני מישראל.

1. _____ סטודנטית באוניברסיטה של טקסס באוסטין.

2. _____ לומדת פיזיקה.

3. אבא שלי, איתן, מישראל. _____ עובד באינטל באוסטין.

4. אמא שלי, דבורה, מניו יורק. _____ עובדת פה, באוניברסיטה. _____ מלמדת ביולוגיה.

5. לאח שלי קוראים ארז. _____ בצבא.

6. לאחות שלי קוראים לילך. _____ עובדת בבנק.

7. יש לי דוד ודודה בניו יורק, שמעון ודינה. _____ גרים בברוקלין.

תרגיל ד 🎧

Fill in the missing words: As you listen to the sound file, identify the missing words and fill in the blanks in the text below, following the example. You are listening for the kinship terms אבא, אמא, אח, אחות, דוד, דודה

אבא של רות, איתן, מישראל.

1. _____ של רות, דבורה, מניו יורק. היא עובדת באוניברסיטה.

2. יש לרות _____ בישראל ו_____ בניו יורק.

3. ל_____ של רות קוראים שמעון.

4. ל_____ של רות קוראים ארז, והוא בצבא.

5. ל_____ של רות קוראים לילך, והיא עובדת בבנק.

6. יש לרות _____ ו_____ בניו יורק, שמעון ודינה. הם גרים בברוקלין.

תרגיל ה

Fill in the missing words: Fill in the blanks in the text below, following the example. The focus of this exercise is the notion of possession, as in *I have, he has*, etc. In problems 6-10 you will be asked to enter names of family members as well as possession expressions. The clues in English will help you figure out the sentence structure. Your options are:

I have יש לי	(somebody) has ... יש ל

קוראים לי רות. יש לי אח, ארז.

Ruth is telling us that she has a brother whose name is Erez.

1. קוראים לי רות. ____ ____ אחות, לילך.

Ruth is telling us that she has a sister whose name is Lilach.

2. קוראים לי רות. ____ ____ אבא, איתן.

Ruth is telling us that she has a father whose name is Ethan.

3. קוראים לי רות. ____ ____ אמא, דבורה.

Ruth is telling us that she has a mother whose name is Deborah.

4. קוראים לי רות. ____ ____ דוד, שמעון.

Ruth is telling us that she has an uncle whose name is Shimeon (Simon).

5. קוראים לי רות. ____ ____ דודה, דינה.

Ruth is telling us that she has an aunt whose name is Dinah.

יש לרות אח. לאח של רות קוראים ארז.

We are told that Ruth has a brother and that his name is Erez.

6. ____ ____ רות אחות. לאחות של רות קוראים _____.

7. ____ ____לילך דודה. לדודה של לילך קוראים _____.

8. ____ ____לילך אחות. לאחות של לילך קוראים _____.

9. ____ ____ארז דוד. לדוד של ארז קוראים _____.

10. ____ לילך אח. לאח של לילך קוראים _____.

תרגיל ו

Fill in the missing words: Fill in the blanks in the text below, following the example. The focus of this exercise is the verb that describes living (dwelling) in a place. The three options you have are

| he lives גר | she lives גרה | they live גרים |

רות אלון גרה באוסטין.

1. אבא של רות, איתן, _____ באוסטין.

2. אמא של רות, דבורה, _____ באוסטין.

3. לאח של רות קוראים ארז, והוא _____ בישראל.

4. לאחות של רות קוראים לילך, והיא _____ בניו יורק.

5. יש לרות דוד ודודה בניו יורק, שמעון ודינה. הם _____ בברוקלין, ולילך _____ בבית שלהם.

תרגיל ז

Fill in the missing words: Fill in the blanks in the text below with the appropriate verbs, following the example. This exercise focuses on the verbs *study*, *work*, and *teach*. The first four sentences are based on the sound file, which will provide the different forms for the masculine and feminine, and the rest are similar in content. The options you have are

teach מלמד/מלמדת	*work* עובד/עובדת	*study* לומד/לומדת

אני סטודנטית באוניברסיטה של טקסס באוסטין. אני לומדת פיזיקה.

1. אבא שלי, איתן, ________ באינטל באוסטין.

2. אמא שלי, דבורה, ________ באוניברסיטה. היא ________ ביולוגיה.

3. לילך ________ בבנק.

4. קוראים לי דוויד. אני סטודנט באוניברסיטה, ואני ________ פיזיקה.

5. קוראים לי מישל. אני סטודנטית באוניברסיטה, ואני ________ פסיכולוגיה.

6. הדוד שלי, משה, פרופסור. הוא ________ ביולוגיה.

7. הדודה שלי, דורית, פרופסורית. היא ________ סוציולוגיה.

תרגיל ח

Fill in the missing words: As you listen to the sound file, identify the missing words and fill in the blanks in the text below following the example. The omissions have no particular focus—they are mechanical (every fifth word).

שלום! קוראים לי רות אלון, ואני מישראל. אני סטודנטית באוניברסיטה ________ טקסס באוסטין. אני לומדת __________. אבא שלי, איתן, מישראל, ו________ עובד באינטל באוסטין. אמא ________, דבורה, מניו יורק. היא __________ פה, באוניברסיטה. היא מלמדת __________. יש לי אח בישראל ו__________ בניו יורק. לאח שלי ________ ארז, והוא בצבא. לאחות ________ קוראים לילך, והיא עובדת ב________. יש לי דוד ודודה ב______ ______, שמעון ודינה. הם גרים ב__________, ולילך גרה בבית שלהם.

תרגיל ט

All these characters appear in our text. Circle the one who is clearly the main character.

רות   דבורה   איתן   ארז ולילך

תרגיל י

Join the story line—make up a character! Write a couple of words about the following character (and draw it) below:

חיית המחמד של לילך _____

(חיית מחמד= pet)

Unit 2   יחידה ב

Before you start

1. Study the following keywords. There are many more words in the text, but you can figure out most of them by considering the context, and understand the text as a whole without focusing on each and every word.
Vocabulary flashcards with sound files and memory games for this unit are available at
http://www.quia.com/jg/2070689.html.
All words can be found in the final glossary at the end of this book or online at
http://www.laits.utexas.edu/hebrew/drupal/themes/hebrewgrid/yt/glossary.pdf.

the Middle East   המזרח התיכון

(he) likes, loves   אוהב

languages   שפות

אישה woman, wife

בת daughter

חבר friend, boyfriend

חייל soldier

משפחה family

בסדר OK, all right

2. Complete the exercise *Unit Bet: Key Words* in the Humpty Dumpty portal.
3. Complete the exercise *Unit Bet: Ruth* in the Humpty Dumpty portal.

You are now ready to begin—you will need access to the sound file as you complete the exercises marked with the headphones icon.

The sound files for all units are available at http://www.laits.utexas.edu/hebrew/yours-truly.

תרגיל א

As you listen to the sound file, identify the missing prepositions (ב, מ) and the places/locations attached to them and fill in the blanks in the text below, following the example.

אורי ומיכאל גרים בתל-אביב.

1. אורי סטודנט ______________________________.
2. מיכאל מלמד עברית באולפן ______________________________.
3. מיכאל עובד עם עולים ______________________________.
4. סיגל מלמדת בבית-ספר יסודי ______________________________.
5. שירה עכשיו ______________________________.
6. דוויד לומד ______________________________ בהרצלייה.
7. עופר ______________________________.

תרגיל ב

As you listen to the sound file, identify the missing preposition "of" של and fill in the blanks in the sentences below, following the example. You are listening for של as an independent preposition or as a preposition with or a suffix (שלי *my, of mine*).

הדודים שלי, אורי ומיכאל, גרים בתל-אביב.

1. אורי עושה דוקטורט בהיסטוריה ________ המזרח התיכון.

2. האישה ________ מיכאל, סיגל, מורה.

3. הבת ________ מיכאל וסיגל עכשיו בתאילנד.

4. האח ________ שירה, דוויד, לומד במכללה.

5. החבר ________ אורי, עופר, חייל.

6. זאת המשפחה ________ האבא ________. הם בסדר!

תרגיל ג

A pronoun corresponding to the underlined word/s is missing from the follow-up statement in each sentence. Study the underlined words, and provide the missing pronoun following the example. Your options are הוא, היא, הם.

אורי ומיכאל גרים בתל-אביב. הם גרים בתל-אביב.

1. אורי סטודנט. ________ עושה דוקטורט בהיסטוריה.

2. מיכאל מלמד עברית. ________ אוהב שפות!

3. מיכאל מלמד באולפן—________ עובד עם עולים מאתיופיה.

4. האישה של מיכאל, סיגל, מורה. ________ מלמדת בבית-ספר.

5. שירה הבת של מיכאל וסיגל. _____ בתאילנד.

6. דוויד לומד במכללה. _____ סטודנט.

7. עופר בצבא—_____ חייל.

8. אורי, מיכאל, סיגל, דוויד, ועופר המשפחה של האבא של רות. _____ בסדר!

תרגיל ד 🎧

Fill in the missing words: As you listen to the sound file, identify the missing verbs, and fill in the blanks in the text below, following the example. Your options are:

עובד/עושה/מלמד/לומד/מלמדת/אוהב/מדבר

אורי לומד בתל-אביב.

1. אורי סטודנט באוניברסיטת תל-אביב—הוא _____ דוקטורט בהיסטוריה של המזרח התיכון.

2. מיכאל _____ עברית באולפן בנתניה. הוא _____ שפות!

3. הוא _____ עברית, ערבית, אנגלית ואמהרית—הוא _____ עם עולים מאתיופיה.

4. סיגל מורה. היא _____ בבית-ספר בבת-ים.

5. דוויד _____ במכללה בהרצלייה.

תרגיל ה

Fill in the missing words, all of them terms of kinship, following the example. Some of the information is based on the text from unit Alef. Your options are

אח/אחות/אישה/חבר/דודים/בת

with or without the definite article ה (both are acceptable in Hebrew). Drawing a family tree may be of help at this point!

אורי ומיכאל הדודים של רות./(אורי ומיכאל דודים של רות)

1. סיגל _____ של מיכאל.

2. שירה _____ של סיגל ומיכאל.

3. דוויד _____ של שירה.

4. עופר _____ של אורי.

5. אורי ומיכאל _____ של ארז ולילך.

6. ארז _____ של לילך ורות.

7. לילך _____ של ארז, ושירה _____ של דוויד.

תרגיל ו

Each sentence is missing a word pertaining to a language. While you may not recognize some of the country names below, try to sound them out and you will most likely figure it out. The four languages we are working with are עברית, ערבית, אנגלית, אמהרית.

בישראל מדברים עברית וערבית.

בעיראק מדברים _____.

בסקוטלנד מדברים _____.

באתיופיה מדברים _____.

בירדן מדברים _____.

בכווית מדברים _____.

באולפן בישראל מלמדים _____.

בניו זילנד ובאוסטרליה מדברים _____.

תרגיל ז

As you listen to the sound file, identify the missing words and fill in the blanks in the text below following the example. The omissions have no particular focus—they are mechanical (every fifth word).

הדודים שלי, אורי ומיכאל, גרים בתל-אביב. אורי דוקטורנט ______________ תל-אביב—הוא עושה דוקטורט __________ של המזרח התיכון. מיכאל __________ עברית באולפן בנתניה. הוא __________ שפות! הוא מדבר עברית, __________ , אנגלית, ואמהרית—הוא עובד ______ עולים מאתיופיה. האישה של __________, סיגל, מורה. היא מלמדת ______ ______ בבת-ים. הבת של מיכאל __________, שירה, עכשיו בתאילנד. האח __________, דוויד, לומד במכללה בהרצלייה. __________ של אורי, עופר, בצבא—__________ חייל. זאת המשפחה של __________ שלי. הם בסדר!

תרגיל ח

All these topics are present in our text. Circle the one that best describes the text as a whole.

אבא של רות

המשפחה של רות

המשפחה של אבא של רות

החבר של אורי

הדודים של רות

תרגיל ט

Join the story line—make up a character! Write a couple of words about the following person:

עולה באולפן ____

Draw your favorite מורה in his or her work place.

Unit 3   יחידה ג

Before you start

1. Study the following keywords. There are many more words in the text, but you can figure out most of them based on the context.

Vocabulary flashcards with sound files and memory games for this unit are available at http://www.quia.com/jg/2070797.html.

All words can be found in the final glossary at the end of this book or online at http://www.laits.utexas.edu/hebrew/drupal/themes/hebrewgrid/yt/glossary.pdf.

בעל husband

ילדים children

בת daughter

בנים sons

טובה good

לא no, not

זוכרת (I) remember

שמות names

חשוב important

2. Complete the exercise *Unit Gimel: Key Words* in the Humpty Dumpty portal.
3. Complete the exercise *Unit Gimel: Ruth* in the Humpty Dumpty portal.
You are now ready to begin—you will need access to the sound file as you complete the exercises marked with the headphones icon.
The sound files for all units are available at http://www.laits.utexas.edu/hebrew/yours-truly.

תרגיל א

Fill in the missing words: As you listen to the sound file, identify the missing preposition "of" and fill in the blanks in the text below, following the example. You are listening for של with or without suffixes.

1. המשפחה של אמא שלי—המשפחה _____ אמא שלי.

2. יש לאמא _____ שלוש אחיות.

3. יש לדינה ולבעל _____ שמעון שני ילדים.

4. לשרה ולבעל _____ משה יש חמישה ילדים.

5. לרבקה ולבעל _____ יוסף יש בת אחת ושני בנים.

6. רחל חברה טובה _____.

7. האחות _____ דבורה, רבקה, גרה בפלורידה.

תרגיל ב

As you listen to the sound file, identify the missing words, all of them terms of kinship, and fill in the blanks in the text below, following the example.

דינה היא ה<u>אחות</u> של שרה, רבקה, ודבורה.

1. שמעון הוא ה_____ של דינה, ודינה היא ה_____ של שמעון.

2. משה הוא ה_____ של שרה, ושרה היא ה_____ של משה.

3. יוסף הוא ה_____ של רבקה, ורבקה היא ה_____ של יוסף.

4. יהודה ואסף הם ה_____ של רחל.

5. אסף הוא ה_____ של יהודה.

6. רחל היא ה_____ של יהודה ואסף.

7. רחל היא ה_____ של יוסף ורבקה.

8. יהודה ואסף הם ה_____ של יוסף ורבקה.

9. דינה, שרה ורבקה הן ה_____ של דבורה.

תרגיל ג

As you listen to the sound file, identify the missing words, all of them indicators of possession, and fill in the blanks in the sentences below, completing them based on the information given in the text and in previous units. Each sentence has two variations, corresponding to the two alternative structures of the "have" expression: יש ל... / ל... יש

<u>יש ל</u>אימא של רות שלוש אחיות: דינה, שרה ורבקה.

לאימא של רות <u>יש</u> שלוש אחיות: דינה, שרה ורבקה.

1. _____ __ דינה בעל ושני ילדים.

__דינה _____ בעל ושני ילדים.

2. _____ ___שרה בעל וחמישה ילדים.

__שרה ____ בעל וחמישה ילדים.

3. _____ ___שרה ו__משה חמישה ילדים.

__שרה ו__משה _____ חמישה ילדים.

4. _____ ___דבורה ו__איתן שלושה ילדים.

__דבורה ו__איתן _____ שלושה ילדים.

תרגיל ד

Fill in the blanks in the text below, using the appropriate form of the verb "live" (dwell), following the example. Your options are גר, גרה, גרים, גרות

דינה גרה בניו יורק ושרה _____ בניו יורק.

1. דינה ושרה _____ בניו יורק.
2. רבקה _____ בפלורידה.
3. שמעון _____ בניו יורק.
4. דינה ושמעון _____ בניו יורק.
5. שרה ומשה _____ בניו יורק.
6. רבקה ויוסף _____ בפלורידה.
7. דבורה ורות _____ באוסטין.

תרגיל ה

Complete the follow-up sentences, negating the original sentence the way it is done in the examples. Remember that the particle לא always appears before the element it negates.

רות גרה באוסטין. היא לא גרה בניו יורק.

1. שמעון גר בניו יורק. הוא ___ ______ באוסטין.

2. משה ושמעון גרים בניו יורק. הם ___ ________ באוסטין.

רחל היא הבת של יוסף ורבקה. היא לא הבת של דינה ושמעון.

3. רות היא הבת של איתן ודבורה. היא ___ ________ של שרה ומשה.

4. אסף הוא האח של יהודה. הוא ___ ________ של ארז.

5. רות היא האחות של לילך. היא ___ ________ של רחל.

תרגיל ו

Complete the follow-up question and answer, giving the alternative form of "what is the name of..." and the name itself, as it is done in the example. If you don't have a family tree for our characters, you really need one now! The information about the family members is taken from the first three units of *Yours Truly*.

מה השם של האבא של רות? איך קוראים לאבא של רות? איתן.

1. מה השם של האימא של רות?____? __________

2. מה השם של האח של אסף? ____? __________

3. מה השם של האבא של יהודה? ______________________________________? __________

4. מה השם של האימא של רחל? ______________________________________? __________

5. מה השם של האח של רות? ____? __________

6. מה השם של האישה של שמעון? _____? _____

7. מה השם של הבעל של דבורה? _____? _____

8. מה השם של האישה של משה? _____? _____

9. מה השם של האחות של לילך? _____? _____

תרגיל ז 🎧

As you listen to the sound file, identify the missing words and fill in the blanks in the text below following the example. The omissions have no particular focus—they are mechanical (every fifth word).

המשפחה של אמא שלי—המשפחה של אמא שלי ☹. יש _____ שלי שלוש אחיות. דינה _____ גרות בניו יורק, ורבקה _____ בפלורידה. יש לדינה ולבעל _____ שמעון שני ילדים. לשרה _____ שלה משה יש חמישה _____, ולרבקה ולבעל שלה יוסף _____ בת אחת, רחל, ושני _____—יהודה ואסף. רחל חברה _____ שלי—אנחנו מדברות בפייסבוק _____ כל הזמן. האחרים?! אני _____ זוכרת את השמות שלהם. _____, שאול, אהרון, לאה, שושנה, _____ — שמואל? לא זוכרת. לא _____!

תרגיל ח

All these topics are present in our text. Circle the one that best describes the text as a whole.

האחיות של אמא של רות

המשפחה של אמא של רות

רות ורחל

השמות של הילדים במשפחה

הילדים של שמעון ודינה

תרגיל ט

Join the story line—enhance a character! Write a sentence about the following person:

הדוד שמעון _____

_____

Draw: הפייסבוק של רחל

Unit 4   יחידה ד

Before you start

1. Study the following keywords. There are many more words in the text, but you can figure out most of them based on the context.
Vocabulary flashcards with sound files and memory games for this unit are available at
http://www.quia.com/jg/2070798.html.
All words can be found in the final glossary at the end of this book or online at
http://www.laits.utexas.edu/hebrew/drupal/themes/hebrewgrid/yt/glossary.pdf.

עיר city

אנשים people

קיץ summer

חם hot

מאוד very

קר cold

חורף winter

בשבילי for me

חנויות stores, shops

כסף money

2. Complete the exercise *Unit Dalet: Key Words* in the Humpty Dumpty portal.
3. Complete the exercise *Unit Dalet: Ruth* in the Humpty Dumpty portal.
You are now ready to begin—you will need access to the sound file of the full text as you complete the exercises marked with the headphones icon.
The sound files for all units are available at http://www.laits.utexas.edu/hebrew/yours-truly.

תרגיל א

As you listen to the sound file, identify the missing words and fill in the blanks in the text below, following the example. You are listening for adjectives (e.g., pleasant, conservative).

אוסטין עיר יפה.

1. האנשים באוסטין _____.

2. המוזיקה באוסטין _____!

3. אוסטין לא _____—היא עיר אוניברסיטה.

תרגיל ב

First, listen to the sound file, and pay attention to expressions of liking and disliking as they pertain to the different characters and places. Then, using the verb אוהבת in the affirmative or negative, complete the sentences following the examples below.

רות אוהבת את אוסטין. היא לא אוהבת את ניו יורק.

1. אמא של רות, דבורה, _____ את ניו יורק.

2. אחות של רות, לילך, _____ את ניו יורק.

3. אמא של רות _____ את המשפחה שלה.

4. רות _____ את המשפחה של אמא שלה.

5. רות _____ את האנשים והרעש בניו יורק.

6. לילך _____ את החנויות של ניו יורק.

תרגיל ג

The follow-up sentences restate the original sentences, replacing "like" with a "feel good" expression. As you complete the follow-up sentences, make sure that you use the correct version of the preposition ל, which should correspond to the underlined word (subject) in the original sentence. Your options are לה, לו, להם

<u>אני</u> אוהבת את אוסטין. טוב <u>לי</u> באוסטין.

1. <u>לילך</u> אוהבת את ניו יורק. _____ ___ בניו יורק.

2. <u>שמעון</u> אוהב את ניו יורק. _____ ___ בניו יורק.

3. <u>רות</u> אוהבת את ישראל. _____ ___ בישראל.

4. <u>רבקה ויוסף</u> אוהבים את פלורידה. _____ ___ בפלורידה.

5. <u>יהודה</u> **לא** אוהב את פלורידה. ___ _____ ___ בפלורידה.

6. <u>רות</u> **לא** אוהבת את ניו יורק. ___ _____ ___ בניו יורק.

תרגיל ד

Using חם or קר , fill in the missing words following the examples below. Many of the words are unknown to you at this point—these are place names and months, so if you try to sound them out they are likely to become much more friendly! Watch for one tricky problem in the set (think Geography!).

בישראל חם בקיץ.

1. בניו יורק _____ בחורף.

2. באלסקה _____ מאוד בינואר.

3. במונטריאול _____ בחורף.

4. בדוהא _____ מאוד בקיץ.

5. באוסטין _____ מאוד באוגוסט.

6. בירושלים _____ בינואר.

7. בקהיר _____ ביולי.

8. בריו דה ז׳אנירו _____ בפברואר.

תרגיל ה

Using מאוד, add a measure of degree to each statement. מאוד has various placement options in Hebrew, and we have chosen here the one that places it after the item it amplifies. When you are done with the follow up sentence, translate it into English.

אני אוהבת את אוסטין. / אני אוהבת מאוד את אוסטין.

אנגלית: I like Austin a lot.

1. העיר יפה, האנשים נעימים. / העיר יפה _____, האנשים נעימים _____.

אנגלית: _____

2. בקיץ חם מאוד באוסטין, אבל אני מישראל—גם בישראל חם!/ גם בישראל חם _____!

אנגלית: _____

3. חם ולח בקיץ, קר בחורף. / חם _____ ולח _____ בקיץ, קר _____ בחורף.

אנגלית: _____

4. אמא שלי אוהבת את ניו יורק. / אמא שלי אוהבת _____ את ניו יורק.

אנגלית: _____

5. היא אוהבת את המשפחה שלה. / היא אוהבת _____ את המשפחה שלה.

אנגלית: _____

6. לילך אוהבת חנויות, ויש לה כסף בשביל החנויות של ניו יורק. / לילך אוהבת _____ חנויות, ויש לה כסף בשביל החנויות של ניו יורק.

אנגלית: _____

7. טוב לה שם! / טוב לה _____ שם!

אנגלית: _____

תרגיל ו

Fill in the missing words: First listen to the sound file. Then read the statements below, and fill in the blanks, drawing your information from the text. In this type of exercise you will be paraphrasing some of the text and reorganizing its information.

רות אוהבת את אוסטין. היא לא אוהבת את (העיר) _____ _____.

1. המוזיקה באוסטין טובה _____!

2. האנשים באוסטין _____ מאוד.

3. אוסטין היא _____ אוניברסיטה.

4. בישראל וב_____ חם בקיץ.

5. לילך אוהבת את ה_____ של ניו יורק.

6. רות חושבת שפלורידה _____. ש means "that"

7. לילך הולכת לאופרה ולחברים ב_____ _____. היא אוהבת את העיר.

תרגיל ז 🎧

As you listen to the sound file, identify the missing words and fill in the blanks in the text below following the example. The omissions have no particular focus—they are mechanical (every fifth word).

אני אוהבת את אוסטין. העיר יפה, האנשים נעימים, והמוזיקה—_____! נכון, זאת טקסס, אבל _____ לא קונסרבטיבית—היא עיר _____. בקיץ חם מאוד, _____ אני מישראל—גם בישראל _____! גם פלורידה בסדר. ניו יורק—_____. המון אנשים, המון רעש. _____ ולח בקיץ, קר בחורף. לא _____! אמא שלי אוהבת את _____ _____, אני לא. היא אוהבת _____ המשפחה שלה—אני לא. _____ אחות שלי אוהבת את _____ _____—היא הולכת לאופרה, לחברים, _____, כן—היא אוהבת חנויות, _____ לה כסף בשביל החנויות _____ ניו יורק. טוב לה שם!

תרגיל ח

All these topics are present in our text. Circle the one that best describes the text as a whole.

רות אוהבת את אוסטין.

בישראל, באוסטין ובניו יורק חם בקיץ.

לילך אוהבת את ניו יורק.

דברים שרות אוהבת ולא אוהבת. ש means "that, which"

תרגיל ט

Complete the sentence below. Your sentence should relate to your own experience, not to the text of this unit. When you are done, translate your sentence into English.

אני _____ מאוד _____

אנגלית: _____

תרגיל י

Join the story line—make up a story component! Write a sentence about the following topic:

מוזיקה שרות אוהבת

_____

_____

Complete the picture with some form of background.

Unit 5   יחידה ה

Before you start

1. Study the following keywords. There are many more words in the text, but you can figure out most of them based on the context.

Vocabulary flashcards with sound files and memory games for this unit are available at http://www.quia.com/jg/2071187.html.

All words can be found in the final glossary at the end of this book or online at http://www.laits.utexas.edu/hebrew/drupal/themes/hebrewgrid/yt/glossary.pdf.

באתי I came

למדתי I studied

עושה do, make

כש... when...

teaching assistant עוזר הוראה

fall (season) סתיו

exams מבחנים

homework (plural) עבודות בית

questions שאלות

office hours שעות קבלה

2. Complete the exercise *Unit Heh: Key Words* in the Humpty Dumpty portal.
3. Complete the exercise *Unit Heh: Yoni* in the Humpty Dumpty portal.

You are now ready to begin—you will need access to the sound file of the full text as you complete the exercises marked with the headphones icon.

The sound files for all units are available at http://www.laits.utexas.edu/hebrew/yours-truly.

תרגיל א

As you listen to the sound file, identify the expressions conveying a concept of time (e.g., now, when, every day) and fill in the blanks in the text below, following the example.

יוני מספר :

1. למדתי היסטוריה ומוזיקולוגיה בבי איי, ועכשיו אני עושה אמ איי באנתרופולוגיה. ___למדתי לבי איי, גרתי במעונות.

2. __________ אני גר בדירה על יד הקמפוס, ונוסע באוטובוס לקמפוס _______ _______.

3. אני עוזר הוראה במחלקה לאנתרופולוגיה, ועובד שלושה __________ __________.
______________ ______________ עבדתי ארבעה __________ בשבוע.

4. _____________ אני רק בודק עבודות בית.

5. ב_____________ וב__________ _____________ אני מתנדב בכנסייה על יד הקמפוס.

תרגיל ב

As you listen to the sound file, identify the verbs and fill in the blanks in the text below, following the example. The verbs you are looking for are listed below:

קוראים/באתי/באים/למדתי/לומד/גרתי/גר/נוסע/עבדתי/עובד/עזרתי/בדקתי/בודק/עונה/מתנדב

שלום! קוראים לי יוני.

1. __________ לאוסטין ללמוד באוניברסיטה.

2. __________ היסטוריה ומוזיקולוגיה בבי איי, ועכשיו אני __________ אמ איי באנתרופולוגיה.

3. כש__________ לבי איי, __________ במעונות.

4. עכשיו אני __________ בדירה על יד הקמפוס, ו__________ באוטובוס לקמפוס כל יום. אני __________ שלושה ימים בשבוע.

5. בסמסטר הסתיו __________ ארבעה ימים בשבוע—__________ לפרופסור בכיתה, ו__________ מבחנים ועבודות בית.

6. עכשיו אני רק __________ עבודות בית ו__________ לשאלות של סטונדטים ש__________ לשעות הקבלה שלי.

7. בשבת וביום ראשון אני __________ בכנסייה על יד הקמפוס—גם שם אני __________ עם סטודנטים.

תרגיל ג

In this exercise you will be paraphrasing the text and reorganizing its information. First listen to the sound file. Then read the statements below, and fill in the blanks, drawing your information from the text.

השם העברי של ג'וני הוא יונתן.

1. יוני מ__________.

2. יוני בא לאוסטין __________ __________.

3. בבי איי, יוני למד __________ ו__________.

4. עכשיו יוני לומד __________. הוא __________ אמ איי.

5. עכשיו יוני גר ב__________, אבל כשהוא למד לבי איי הוא גר ב__________.

6. יוני עובד במחלקה לאנתרופולוגיה. הוא __________ __________.

7. יוני נוסע לאוניברסיטה ב__________ כל יום.

8. בסמסטר הסתיו יוני עבד __________ ימים בשבוע, ועכשיו הוא עובד __________ ימים.

9. יוני __________ עבודות בית, ועונה לשאלות של __________. בסמסטר הסתיו, הוא עזר ל__________ בכיתה.

10. בכנסייה על יד הקמפוס יוני __________— הוא עובד עם סטודנטים.

תרגיל ד

As you listen to the sound file, identify the missing words and fill in the blanks in the text below following the example. The omissions have no particular focus—they are mechanical (every fifth word).

__________! קוראים לי יוני. באמת, __________ ג׳ונתן או ג׳וני, אבל __________ העברי שלי יונתן. אני מ__________, ובאתי לאוסטין ללמוד באוניברסיטה. __________ היסטוריה ומוזיקולוגיה בבי איי, ו__________ אני עושה אמ איי ב__________. כשלמדתי לבי איי, גרתי ב__________. עכשיו אני גר בדירה __________ יד הקמפוס, ונוסע באוטובוס ל__________ כל יום. אני עוזר __________ במחלקה לאנתרופולוגיה, ועובד שלושה __________ בשבוע. בסמסטר הסתיו עבדתי __________ ימים בשבוע—עזרתי לפרופסור ב__________, ובדקתי מבחנים ועבודות בית. __________ אני רק בודק עבודות __________ ועונה

לשאלות של סטודנטים ש_____ לשעות הקבלה שלי. בשבת ו_____ ראשון אני מתנדב בכנסייה ____ ___ הקמפוס — גם שם _____ עובד עם סטודנטים.

תרגיל ה

All these topics are present in our text. Circle the one that best describes the text as a whole.

יוני מדאלאס.

יוני מספר מי הוא.

יוני מספר מה הוא לומד.

יוני מתנדב בכנסייה.

יוני עושה אמ איי.

תרגיל ו

Having listened to the sound file, read the following statements. For each one indicate whether it is correct or incorrect by circling the appropriate sign. ✓= correct, ✗=incorrect

יוני מדאלאס. ✓ ✗

יוני עושה בי איי. ✗ ✓ ✗

יוני עובד עם סטודנטים. ✓ ✗

יוני פרופסור. ✓ ✗

יוני מתנדב בכנסייה. ✗ ✓

יוני עושה אמ איי. ✓ ✗

יוני עובד ארבעה ימים בשבוע. ✓ ✗

יוני עוזר הוראה. ✓ ✗

תרגיל ז

Complete the phrase below to form a full sentence. Your sentence should relate to your own experience, not to the text of this unit.

באמת, _____

תרגיל ח

Join the story line—make up a story component! Write a sentence about the following topic:

הכנסייה על יד הקמפוס

_____

_____

Draw: משרד של עוזר הוראה

Unit 6   יחידה ו

Before you start

1. Study the following keywords. There are many more words in the text, but you can figure out most of them based on the context.
Vocabulary flashcards with sound files and memory games for this unit are available at
http://www.quia.com/jg/2071229.html.
All words can be found in the final glossary at the end of this book or online at
http://www.laits.utexas.edu/hebrew/drupal/themes/hebrewgrid/yt/glossary.pdf.

נולדה she was born

הורים parents

פגשה she met

התחתנו they got married

נהרג he was killed

תינוק baby

כמעט almost

התחלתי I started

אולפן ulpan, intensive Hebrew language school

רעה bad

2. Complete the exercise *Unit Vav: Key Words* in the Humpty Dumpty portal.
3. Complete the exercise *Unit Vav: Yoni* in the Humpty Dumpty portal.
You are now ready to begin—you will need access to the sound file of the full text as you complete the exercises marked with the headphones icon.
The sound files for all units are available at http://www.laits.utexas.edu/hebrew/yours-truly.

תרגיל א

As you listen to the sound file, identify the missing placenames and location indicators, and fill in the blanks in the text below, following the example.

יוני מספר :

האמא שלי, סילבניה, נולדה בסאן פאולו.

1. היא באה ל_____ עם ההורים שלה, וגרה ב_____.

2. היא למדה באוניברסיטה של _____, ו_____, היא פגשה את האבא שלי, טום.

3. הם התחתנו ועברו ל_____.

4. ההורים שלי נסעו ל_____ כשפול היה תינוק.

5. פול נסע ללמוד ב_____, בטכניון, והיה שם שנתיים.

6. אני התחלתי ללמוד עברית מקראית עוד ב_____, וכשבאתי ל_____ למדתי עברית מודרנית באוניברסיטה.

7. נסעתי ל_____ פעמיים בקיץ, ולמדתי _____ באולפן.

תרגיל ב 🎧

As you listen to the sound file, identify the missing verbs and fill in the blanks in the text below, following the example.

האמא שלי, סילבניה, נולדה בסאן פאולו.

1. היא _____ לאמריקה עם ההורים שלה, ו_____ ביוסטון.

2. היא _____ באוניברסיטה של יוסטון, ושם היא _____ את האבא שלי, טום.

3. הוא _____ חשמלאי. הם _____ ו_____ לדאלאס. אבא שלי _____ בתאונת עבודה כשאני _____ בן שלוש.

4. אח שלי, פול, _____ אז בן שבע—הוא _____ את אבא שלי.

5. ההורים שלי _____ לישראל כשפול _____ תינוק—הם מאוד _____ את הארץ.

6. פול _____ ללמוד בישראל, בטכניון, ו_____ שם שנתיים. הוא _____ עברית כמעט כמו ישראלי.

7. אני _____ _____ עברית מקראית עוד בדאלאס, וכש_____ לאוסטין _____ עברית מודרנית באוניברסיטה.

8. _____ לישראל פעמיים בקיץ, ו_____ שם באולפן.

תרגיל ג

In this exercise you will be paraphrasing the text and reorganizing its information. First listen to the sound file. Then read the statements below, and fill in the blanks, drawing your information from the text.

קוראים לאמא של יונתן סילבניה.

1. סילבניה נולדה ב_____ _____.

2. סילבניה למדה באוניברסיטה ב_____.

3. טום היה _____ של יוני.

4. טום וסילבניה גרו ב_____.

5. יוני לא _____ את אבא שלו.

6. טום וסילבניה מאוד _____ את ישראל.

7. פול למד ב_____ בישראל. הוא מדבר _____ טוב מאוד!

8. יוני _____ עברית מקראית בדאלאס ועברית מודרנית באוסטין.

9. יוני למד עברית ב_____ בישראל.

תרגיל ד 🎧

As you listen to the sound file, identify the missing words and fill in the blanks in the text below following the example. The omissions have no particular focus—they are mechanical (every fifth word).

האמא שלי, סילבניה, נולדה בסאן פאולו. היא באה ל_____ עם ההורים שלה, וגרה ב_____. היא למדה באוניברסיטה של _____, ושם היא פגשה את ה_____ שלי, טום. הוא היה _____. הם התחתנו ועברו לדאלאס. _____ שלי נהרג בתאונת עבודה כש_____ הייתי בן שלוש. אח _____, פול, היה אז בן _____—הוא זוכר את אבא

_____, אני לא באמת. ההורים _____ נסעו לישראל כשפול היה

_____ הם מאוד אהבו את _____. פול נסע ללמוד בישראל,

ב_____, והיה שם שנתיים. הוא _____ עברית כמעט כמו ישראלי.

_____ התחלתי ללמוד עברית מקראית _____ בדאלאס, וכשבאתי

לאוסטין למדתי _____ מודרנית באוניברסיטה. נסעתי לישראל

_____ בקיץ, ולמדתי שם באולפן. ה_____ שלי לא כמו של

_____, אבל היא לא רעה!

תרגיל ה

All these topics are present in our text. Circle the one that best describes the text as a whole.

ההיסטוריה של המשפחה של יוני

ההורים של יוני

יוני ופול מדברים עברית.

יוני למד בישראל.

טום נהרג בתאונת עבודה.

תרגיל ו

Having listened to the sound file and worked on the previous exercises, read the following statements. For each one indicate whether it is correct or incorrect by circling the appropriate sign. In the set there is one (**and only one**) statement which may or may not be correct. We can make an educated guess, but we cannot tell for sure based on the information provided in the sound file—for this statement select the question mark. (E.g., we can guess that Sylvania speaks Portuguese, but we do not know it for certain based on the text.)

סילבניה נולדה בברזיל.   ✓   ✗   ?

טום עבד באוניברסיטה של אוסטין.   ✓   ✗   ?

פול למד בטכניון בישראל.   ✓   ✗   ?

יוני למד באולפן בישראל שנתיים.   ✓   ✗   ?

פול נסע לישראל עם סילבניה וטום כשהוא היה תינוק.   ✓   ✗   ?

יוני למד עברית מקראית באוסטין.   ✓   ✗   ?

יוני למד עברית מודרנית באוסטין.   ✓   ✗   ?

תרגיל ז

Provide a follow-up sentence, giving an indication that you understand the situations in which such a statement can be used. Your sentence should relate to your own experience, not to the text of this unit.

העברית שלי לא רעה! _____
_____

תרגיל ח

Join the story line—enhance a character! Write a sentence or two about the following person:

סילבניה_____

Draw: חשמל

Unit 7   יחידה ז

Before you start

1. Study the following keywords. There are many more words in the text, but you can figure out most of them based on the context.

Vocabulary flashcards with sound files and memory games for this unit are available at
http://www.quia.com/jg/2071230.html.

All words can be found in the final glossary at the end of this book or online at
http://www.laits.utexas.edu/hebrew/drupal/themes/hebrewgrid/yt/glossary.pdf.

מהנדס engineer

על יד near, next to

מקצוע profession, occupation

life חיים

(I) need צריך

loans הלוואות

(I) owe חייב

grandparents סבים

(they) miss, long for מתגעגעים

he bought קנה

2. Complete the exercise *Unit Zayin: Key Words* in the Humpty Dumpty portal.
3. Complete the exercise *Unit Zayin: Yoni* in the Humpty Dumpty portal.
You are now ready to begin—you will need access to the sound file of the full text as you complete the exercises marked with the headphones icon.
The sound files for all units are available at http://www.laits.utexas.edu/hebrew/yours-truly.

תרגיל א

As you listen to the sound file, identify the missing verbs and fill in the blanks in the text below, following the example.

1. פול עובד בדאלאס, ו____________ על יד אמא שלי.

2. אמא שלי ____________ לו פאוליטו.

3. אמא שלי ____________ שמקצוע טכני, כמו מהנדס, יותר טוב. אבל היא תמיד ____________: ג'וני, אלה החיים שלך, ואתה ____________ ____________ מה שאתה ____________ שטוב בשבילך.

4. אמא שלי לא ____________ ____________ לי עם הלימודים, ואני תמיד ____________.

5. אני ____________ הלוואות סטודנטים.

6. אני לא שמח עם זה, אבל אין מה _____.

7. אני _____ שהכל _____ בסדר.

8. הסבים שלי עוד _____. הם _____ לברזיל פעם בשנתיים או שלוש.

9. אני _____ שהם _____ לדרום אמריקה.

10. פול _____ בישראל תקליטורים של שירים בעברית מדרום אמריקה בשביל הסבים, והם מאוד _____ אותם.

תרגיל ב

In this exercise you will be paraphrasing the text and reorganizing its information. First listen to the sound file. Then read the statements below, and fill in the blanks, drawing your information from the text.

פול גר ועובד בדאלאס.

1. פול בן _____.

2. אמא של פול קוראת לו _____.

3. אמא של פול חושבת שמקצוע טכני, כמו מהנדס, _____ _____.

4. יוני תמיד עבד כי אמא שלו לא יכלה _____ לו עם כסף בשביל הלימודים.

5. הסבים של יוני כבר _____ מאוד.

6. הסבים של יוני _____ לדרום אמריקה—הם נוסעים לברזיל פעם בשנתיים או שלוש.

7. פול קנה בישראל _____ של שירים מדרום אמריקה.

8. יוני מאוד אוהב _____ השירים מדרום אמריקה, וגם הסבים שלו _____ אותם.

תרגיל ג

Listen to the sound file, then complete the sentences below, using the relevant subordinate clause (or parts of it) the way it is done in the example. Subordinate clauses are connected to the main sentence with the particle ש *that (in other contexts which, who).*

האמא של יוני ופול חושבת שמקצוע טכני יותר טוב.

1. האמא של יוני חושבת ש_______________________________ מה שטוב בשבילו.

2. יוני מאמין ש______________________ עם הלימודים והכסף.

3. יוני חושב ש _______________________________________ לברזיל ולדרום אמריקה.

4. הסבים של יוני ופול אוהבים את התקליטורים ש_______________________________.

תרגיל ד

As you listen to the sound file, identify the missing words and fill in the blanks in the text below following the example. The omissions have no particular focus—they are mechanical (every fifth word).

פול מהנדס. הוא עובד בדאלאס, ו_______________ על יד אמא שלי. _______________

כבר בן שלושים, אבל _______________ עוד קוראת לו פאוליטו. _______________ לא

היתה כל כך _______________ עם הלימודים שלי—היא _______________ שמקצוע טכני,

כמו מהנדס, _______________ טוב. אבל היא תמיד _______________: ג׳וני, אלה החיים

שלך, ו_______________ צריך לעשות מה שאתה _______________ שטוב בשבילך. היא

לא _______________ לעזור לי עם הלימודים, ו_______________ תמיד עבדתי. גם לקחתי

_______________ סטודנטים—אני עכשיו חייב _______________ וחמישה אלף דולר. אני

_______________ שמח עם זה, אבל _______________ מה לעשות—זאת המציאות

_______________ המשפחה שלנו. אני מאמין ש_______________ יהיה בסדר. הסבים שלי

_____ מבוגרים מאוד, אבל הם _____ עובדים. הם נוסעים לברזיל _____ בשנתיים או שלוש—אני _____ שהם מתגעגעים לדרום אמריקה. _____ קנה בשבילם בישראל תקליטורים _____ שירים בעברית מדרום אמריקה, ו_____ מאוד אוהבים אותם. גם _____!

תרגיל ה

All these topics are present in our text. Circle the one that best describes the text as a whole.

יוני צריך לעבוד כדי לשלם בשביל הלימודים.

הסבים של יוני.

עבודה, לימודים, וכסף.

מה אמא של יוני ופול חושבת על מה שהם עושים עם החיים שלהם.

המשפחה אוהבת שירים מדרום אמריקה.

תרגיל ו

Having listened to the sound file, read the following statements. For each one indicate whether it is correct or incorrect by circling the appropriate sign. In the set there is one (**and only one**) statement which may or may not be correct. We can make an educated guess, but we cannot tell for sure based on the information provided in the sound file—for this statement select the question mark.

המקצוע של פול מהנדס. ✓ ✗ ?

פול גר בדאלאס. ✓ ✗ ?

אמא של יוני שילמה בשביל הלימודים שלו. ✓ ✗ ?

יוני לקח הלוואות סטודנטים. ✓ ✗ ?

הסבים של יוני עזרו לו לשלם בשביל הלימודים שלו. ✓ ✗ ?

הסבים של יוני נוסעים לדרום אמריקה כל שנה. ✓ ✗ ?

פול קנה תקליטורים בישראל. ✓ ✗ ?

תרגיל ז

Provide a follow-up sentence, giving an indication that you understand the situations in which such a sentence can be used. Your sentence should relate to your own experience, not to the text of this unit.

אין מה לעשות—_____

_____

תרגיל ח

Join the story line—enhance a character! Write a couple of sentences about the following person (choose one):

הסבא של יוני/הסבתא של יוני

_____

_____

ציירו : תקליטור

Unit 8   יחידה ח

Before you start

1. Study the following keywords. There are many more words in the text, but you can figure out most of them based on the context.
Vocabulary flashcards with sound files and memory games for this unit are available at
http://www.quia.com/jg/2071231.html.
All words can be found in the final glossary at the end of this book or online at
http://www.laits.utexas.edu/hebrew/drupal/themes/hebrewgrid/yt/glossary.pdf.

he met   פגש

food   אוכל

sometimes   לפעמים

clothes   בגדים

משונים strange

נוהגת (she) rides

מעשנת (she) smokes

אחראיים responsible

שותה (I) drink

משהו something

2. Complete the exercise *Unit Chet: Key Words* in the Humpty Dumpty portal.
3. Complete the exercise *Unit Chet: Yoni* in the Humpty Dumpty portal.

You are now ready to begin—you will need access to the sound file of the full text as you complete the exercises marked with the headphones icon.

The sound files for all units are available at http://www.laits.utexas.edu/hebrew/yours-truly.

תרגיל א

As you listen to the sound file, identify the missing items, all of them pertaining to time or duration, and fill in the blanks in the text below, following the example.

פול פגש את מיכאל אלון כשהוא למד באולפן בישראל.

1. ______________ הם בקשר, וגם אני בקשר עם המשפחה.

2. רות היתה אצלנו בבית בדאלאס ______________ ______________.

3. אמא שלי חושבת ש______________ הבגדים של רות קצת משונים.

4. אני עישנתי ______________ או ______________, אבל באמת לא אהבתי את זה והפסקתי.

5. רות שותה ______________, אבל זה לא עניין גדול.

6. ______________ גם חשבנו על משהו רומנטי, אבל זה לא הלך. חבל!

תרגיל ב

As you listen to the sound file, identify the missing items, all of them adjectives or adverbs, and fill in the blanks in the text below, following the example.

1. רות **מאוד** אוהבת את האוכל של אמא שלי! היא גם _____ אוהבת את אמא שלי.

2. אמא שלי חושבת שלפעמים הבגדים של רות _____ _____.

3. גם זה שרות נוהגת בטוסטוס נראה לה _____ _____.

4. אמא שלי חושבת שאנשים שמעשנים הם לא _____.

5. רות שותה לפעמים, אבל זה לא עניין _____.

6. אני ורות חברים _____.

תרגיל ג

As you listen to the sound file, identify the missing verbs and fill in the blanks in the text below, following the example.

1. פול **פגש** את מיכאל אלון כשהוא _____ באולפן בישראל.

2. אני _____ את רות באוסטין, והיא _____ אצלנו בבית בדאלאס כמה פעמים.

3. רות מאוד _____ את האוכל של אמא שלי! היא גם מאוד _____ את אמא שלי.

4. אמא שלי _____ לה "רותי", ואת זה היא לא _____.

5. אמא שלי _____ שלפעמים הבגדים של רות קצת משונים.

6. זה שרות _____ בטוסטוס _____ לאמא שלי קצת משונה.

7. אמא שלי לא _____ שרות גם _____.

8. אמא שלי חושבת שאנשים ש_____ הם לא אחראיים.

9. אני _____ פעם או פעמיים, אבל לא _____ את זה ו_____.

10. אני לא _____ הרבה אלכוהול—רות _____ לפעמים.

11. אני ורות _____ על משהו רומנטי, אבל זה לא _____.

תרגיל ד

In this exercise you will be paraphrasing the text and reorganizing its information. First listen to the sound file. Then read the statements below, and fill in the blanks, drawing your information from the text.

פול פגש את מיכאל אלון בישראל.

1. יוני פגש את רות ב _____.

2. רות אוהבת את האוכל של _____.

3. הבית של המשפחה של יוני ב _____.

4. אמא של יוני קוראת לרות _____, ורות לא אוהבת את זה.

5. רות מעשנת, אבל אמא של יוני לא _____ את זה.

6. רות _____ בטוסטוס.

7. יוני כבר לא _____, אבל הוא עישן בעבר כמה פעמים.

8. יוני ורות _____ טובים, אבל אין ביניהם משהו רומנטי.

תרגיל ה

As you listen to the sound file, identify the missing words and fill in the blanks in the text below following the example. The omissions have no particular focus—they are mechanical (every fifth word).

פול פגש את מיכאל אלון כשהוא ____________ באולפן בישראל. מאז הם ____________,

וגם אני בקשר עם ____________. פגשתי את רות באוסטין, ו____________ היתה

אצלנו בבית בדאלאס ____________ פעמים. היא מאוד אוהבת ____________ האוכל

של אמא שלי! ____________ גם מאוד אוהבת את ____________ שלי, אבל אמא שלי

____________ לה "רותי", ואת זה ____________ לא אוהבת. אמא שלי

____________ שלפעמים הבגדים של רות ____________ משונים. גם זה שרות

____________ בטוסטוס נראה לה קצת ____________. היא לא יודעת שרות

____________ מעשנת—אמא שלי חושבת ש____________ שמעשנים הם לא

אחראיים. ____________ עישנתי פעם או פעמיים, ____________ באמת לא אהבתי

את ____________ והפסקתי. אני גם לא ____________ הרבה אלכוהול—רות שותה

____________, אבל זה לא עניין ____________. אני ורות חברים טובים.

____________ גם חשבנו על משהו ____________, אבל זה לא הלך. ____________!

תרגיל ו

All these topics are present in our text. Circle the one that best describes the text as a whole.

יוני והמשפחה של רות, רות והמשפחה של יוני.

רות לפעמים מעשנת ושותה.

רות ויוני חברים טובים.

רות אוהבת את אמא של יוני.

תרגיל ז

Having listened to the sound file, read the following statements. For each one indicate whether it is correct or incorrect by circling the appropriate sign. In the set there is one (**and only one**) statement which may or may not be correct. We can make an educated guess, but we cannot tell for sure based on the information provided in the sound file—for this statement select the question mark.

פול פגש את מיכאל בישראל.　✓　✗　?

יוני פגש את רות בדאלאס.　✓　✗　?

רות היתה בבית של יוני בדאלאס.　✓　✗　?

רות אוהבת את אמא של יוני.　✓　✗　?

אמא של יוני נוהגת בטוסטוס.　✓　✗　?

יוני ורות בקשר רומנטי.　✓　✗　?

יוני חושב שאנשים שמעשנים הם לא אחראיים.　✓　✗　?

תרגיל ח

Complete the sentence, giving an indication that you understand the situations in which such a sentence is appropriately used.

חבל ש... _____

_____

תרגיל ט

Join the story line—create a prop! Write a couple of sentences about the following:

הטוסטוס של רות

_____
_____
_____

Add some clothing items to Ruth's wardrobe!

הבגדים של רות:

Unit 9   יחידה ט

Before you start

1. Study the following keywords. There are many more words in the text, but you can figure out most of them based on the context.
Vocabulary flashcards with sound files and memory games for this unit are available at
http://www.quia.com/jg/2071251.html.
All words can be found in the final glossary at the end of this book or online at
http://www.laits.utexas.edu/hebrew/drupal/themes/hebrewgrid/yt/glossary.pdf.

week שבוע

(we) go out יוצאים

restaurant מסעדה

to hear, listen לשמוע

to spend time, have a good time, hang out לבלות

because בגלל

(I) feel (as in I feel good) מרגישה

religion דת

couple זוג

time זמן

2. Complete the exercise *Unit Tet: Key Words* in the Humpty Dumpty portal.
3. Complete the exercise *Unit Tet: Ruth* in the Humpty Dumpty portal.

You are now ready to begin—you will need access to the sound file of the full text as you complete the exercises marked with the headphones icon.
The sound files for all units are available at http://www.laits.utexas.edu/hebrew/yours-truly.

תרגיל א

As you listen to the sound file, identify the missing words, all of them adjectives or adverbs, and fill in the blanks in the sentences below, following the example.

רות מספרת:

1. אני ויוני אוהבים לאכול ביחד באמצע השבוע, __________ __________ביום שלישי.
אנחנו נפגשים בקפה של הילל על יד הקמפוס, ו______________ אנחנו יוצאים למסעדה
______________.

2. בהילל ______________ לקרוא עיתונים מישראל ולבלות עם חברים.

3. אני לא מרגישה ______________ בבית הכנסת בהילל.

4. אני ______________ ______________ שיוני מרגיש ______________ בהילל.
______________ אני חושבת שהוא מרגיש שם ______________ ______________ ממני!

5. בשביל יוני ובשביל המשפחה שלו הדת היא דבר ______________.

6. הפוליטיקה שלי ושל יוני ______________.

7. אני ויוני ______________ מסתדרים ______________. יש אנשים שחושבים שאנחנו זוג,
אבל ______________ אנחנו לא.

8. אני חושבת ש______________ ______________ להיות חברים.

תרגיל ב

As you listen to the sound file, identify the missing verbs, and fill in the blanks in the sentences below, following the example.

1. אני ויוני אוהבים ______________ ביחד באמצע השבוע, בדרך כלל ביום שלישי.

2. אנחנו ______________ בקפה של הילל על יד הקמפוס, ולפעמים אנחנו
______________ למסעדה קרובה.

3. בית הילל הוא מקום שבו ______________ אנשים שקשורים לישראל.

4. אפשר ______________ שם עברית, ______________ עיתונים מישראל,
______________ מוזיקה, ובעיקר ______________ עם חברים.

5. יש סטודנטים ש______________ להילל בגלל בית-הכנסת. אני לא ______________
נוח שם. אבל יוני ______________ טוב בהילל. לפעמים אני ______________ שהוא
______________ שם יותר טוב ממני!

6. אני ויוני באמת ______________ מצוין—יש אנשים ש______________ שאנחנו זוג,
אבל אנחנו לא.

7. אני ויוני לא זוג—אני ______________ שיותר טוב ______________ חברים.

תרגיל ג

Using the preposition בשביל as a transition to a verb in the infinitive or a noun phrase, and basing your responses on the text, complete the sentences below, following the example.

רות ויוני יוצאים למסעדה בשביל לאכול.

סטודנטים באים להילל בשביל 1. ______________________

2. ______________________

3. ______________________

4. ______________________

הדת היא דבר חשוב בשביל ______________________, אבל

בשביל ______________ היא לא דבר חשוב.

תרגיל ד

In this exercise you will be paraphrasing the text and reorganizing its information. First listen to the sound file. Then read the statements below, and fill in the blanks, drawing your information from the text.

יוני ורות בדרך כלל אוכלים ביחד ביום שלישי.

1. בית הילל על יד ה______________.

2. בבית הילל נפגשים אנשים שקשורים ל ______________.

3. סטודנטים באים להילל ל______________ עם חברים.

4. יוני______________ טוב בהילל.

5. בשביל המשפחה של יוני ה______________ היא דבר חשוב.

6. יוני ורות ______________ מצויין.

7. יש אנשים שחושבים שיוני ורות הם ______________.

8. רות שמחה שהיא ויוני ______________ ולא זוג.

תרגיל ה

As you listen to the sound file, identify the missing words and fill in the blanks in the text below following the example. The omissions have no particular focus—they are mechanical (every fifth word).

אני ויוני אוהבים לאכול ביחד ב______________ השבוע, בדרך כלל ביום
______________. אנחנו נפגשים בקפה של ______________ על יד הקמפוס, ולפעמים
______________ יוצאים למסעדה קרובה. בשבילי ו______________ החברים שלי, בית
הילל ______________ מקום שבו נפגשים אנשים ש______________ לישראל. אפשר
לדבר עברית, ______________ עיתונים מישראל, לשמוע מוזיקה, ו______________
לבלות עם חברים. יש ______________ שבאים להילל בגלל בית-______________, אבל
אני לא—אני ______________ מרגישה נוח שם. אני ______________ שמחה שיוני
מרגיש טוב ב______________. לפעמים אני חושבת שהוא ______________ שם יותר
טוב ממני! ב______________ שלי אין מקום לדת, ______________ בשבילו ובשביל
המשפחה שלו ______________ היא דבר חשוב. גם ______________ שלנו שונה. אבל
אנחנו ______________ מסתדרים מצוין—יש אנשים ש______________ שאנחנו זוג,
אבל באמת ______________ לא. אין לי זמן ל______________, ואני באמת חושבת
שיותר ______________ להיות חברים.

תרגיל ו

Four of the topics below describe a part of the text and pertain to its content. The fifth does not, although it is close and may look like it does. Identify the topic that DOES NOT pertain to the text.

יוני ורות בהילל.

המקום של הדת בחיים של יוני ורות.

למה סטודנטים באים להילל.

המקום של הדת בחיים של המשפחה של רות.

יוני ורות שונים.

תרגיל ז

Having listened to the sound file, read the following statements. For each one indicate whether it is correct or incorrect by circling the appropriate icon. In the set there is one (**and only one**) statement which may or may not be correct. We can make an educated guess, but we cannot tell for sure based on the information provided in the sound file—for this statement select the question mark icon.

יוני ורות הולכים להילל. ✓ ✗ ?

יוני ורות הם זוג. ✓ ✗ ?

יש בהילל קפה. ✓ ✗ ?

יש בהילל בית כנסת. ✓ ✗ ?

יוני לא מרגיש נוח בהילל. ✓ ✗ ?

יש לרות הרבה חברים בהילל. ✓ ✗ ?

רות חושבת שאין לה זמן בשביל רומנטיקה. ✓ ✗ ?

תרגיל ח

Complete the sentence, giving an indication that you understand the situations in which such a sentence can be used. Your sentence should relate to your own experience, not to the text of this unit.

אני רוצה לבלות _____

_____

תרגיל ט

Join the story line—add some detail! Write a couple of sentences about the following topic:

הקפה בהילל

_____

_____

Embelish the picture with backround props, food items, people—anything that comes to mind!

(Photo courtesy of Texas Hillel)

Unit 10   יחידה י

Before you start

1. Study the following keywords. There are many more words in the text, but you can figure out most of them based on the context.

Vocabulary flashcards with sound files and memory games for this unit are available at
http://www.quia.com/jg/2071232.html.

All words can be found in the final glossary at the end of this book or online at
http://www.laits.utexas.edu/hebrew/drupal/themes/hebrewgrid/yt/glossary.pdf.

בעיות problems

תמיד always

אביב spring (season)

עניין matter

satisfied, happy מרוצים

to show להראות

(she) agrees מסכימה

grades ציונים

different שונים

place, room מקום

2. Complete the exercise *Unit Yod: Key Words* in the Humpty Dumpty portal.
3. Complete the exercise *Unit Yod: Yoni* in the Humpty Dumpty portal.
You are now ready to begin—you will need access to the sound file of the full text as you complete the exercises marked with the headphones icon.
The sound files for all units are available at http://www.laits.utexas.edu/hebrew/yours-truly.

תרגיל א

As you listen to the sound file, identify the missing verbs and fill in the blanks in the text below, following the example.

רות לא תמיד באה לשיעורים בזמן.

1. בסמסטר האביב היא ______________ לאוסטין בשבוע השני של הסמסטר כי היא ______________ בארץ בחופשת החורף.

2. רות לא ______________ שזה עניין גדול, אבל הפרופסורים שלה לא מרוצים. ______________ ______________ לה שסטודנטים באמת ______________ ______________ בצורה אחראית, ______________ לכל השיעורים, ______________ שהלימודים חשובים להם.

3. רות לא ______________ איתי—היא אומרת שהלימודים מאוד חשובים לה, אבל היא לא ______________ שהיא ______________ ______________ את זה.

4. רות _____ קשה, הציונים שלה טובים מאוד, והיא חושבת שזה מספיק!

5. אני לא _____ לשיעורים רק כש_____ חולה או כש_____ לחתונה של הדוד שלי, פפיטו, לפני שנתיים.

6. פפיטו _____ בגיל מאוד מאוחר—הוא _____ בן חמישים ושלוש!

7. אני בדרך כלל לא _____—חשוב לי לבוא בזמן.

8. בחברה שלנו יש מקום לאנשים שונים, ואני חושב ש_____ _____ אותם כמו שהם.

תרגיל ב

Identify parallel sentences: In this exercise you are given sentences that mimic sentences from the text. Listen to the sound file, and then identify the sentences in the text for which a parallel sentence is given below, following the example.

היא לפעמים מאחרת לשיעורים שלה. היא לא תמיד באה לשיעורים בזמן.

1. רות חזרה לאוניברסיטה מאוחר. _____

_____

2. היא לא חושבת שזה מאוד חשוב. _____

_____

3. היא חושבת שמה שאני אומר לא נכון. _____

_____

4. רות בסדר בלימודים. _____

5. אני בדרך כלל בא בזמן. _____

תרגיל ג

Having listened to the sound file, read the following statements. For each one indicate whether it is correct or incorrect by circling the appropriate sign. In the set there is one (**and only one**) statement which may or may not be correct. We can make an educated guess, but we cannot tell for sure based on the information provided in the sound file—for this statement select the question mark.

לפעמים יש לרות בעיות באוניברסיטה. ✓ ✗ ?

הציונים של רות לא טובים. ✓ ✗ ?

יוני חושב שרות לא תמיד מתנהגת בצורה אחראית. ✓ ✗ ?

רות נסעה לישראל בדצמבר. ✓ ✗ ?

פפיטו לא התחתן בגיל צעיר. ✓ ✗ ?

רות חושבת שלימודים הם דבר חשוב. ✓ ✗ ?

יוני חושב שכמה מהפרופסורים של רות לא מרוצים. ✓ ✗ ?

תרגיל ד

In this exercise the statement are given in direct or indirect speech. Direct speech implies a quote (e.g., Yoni: "Ruth has difficulties with her professors."), and indirect speech implies a report (e.g., Yoni says that Ruth has difficulties with her professors.) Using verbs like *say, tell, think*, or *ask*, provide the parallel indirect עקיף or direct ישיר speech version for each of the given sentences, so that each sentence appears in two versions the way it does in the example.

(ישיר 1) רות : "אני לא חושבת שזה עניין גדול."

(עקיף 1) יוני אומר שרות לא חושבת שזה עניין גדול.

(ישיר 2) יוני (על רות) : "היא לא מסכימה איתי."

(עקיף 2) רות אומרת שהיא _____

(ישיר 3) רות: "____

____

(עקיף 3) רות אומרת שהלימודים חשובים לה, אבל היא לא חושבת שהיא צריכה להראות את זה.

(ישיר 4) יוני: " אני לא באתי לשיעורים רק כשהייתי חולה או כשנסעתי לחתונה של הדוד שלי, פפיטו, לפני שנתיים."

(עקיף 4) יוני מספר ש____

____

תרגיל ה

Matching: Match a word or phrase in the right-hand column with its **opposite** (or very different parallel) in the left-hand column.

יש בעיות	מאוחר
מרוצים	לא חשובים
בזמן	לפעמים
חשובים	אין מקום
חולה	לא שמחים
יש מקום	הכל בסדר
תמיד	בריא

תרגיל ו

As you listen to the sound file, identify the missing words and fill in the blanks in the text below following the example. The omissions have no particular focus—they are mechanical (every fifth word).

לפעמים יש לרות בעיות עם ה_______________ שלה. היא לא תמיד _______________
לשיעורים בזמן, ובסמסטר האביב _______________ חזרה לאוסטין בשבוע השני
_______________ הסמסטר כי היא היתה _______________ בחופשת החורף. היא לא
_______________ שזה עניין גדול, אבל _______________ מהפרופסורים שלה לא
מרוצים. _______________ להגיד לה שסטודנטים באמת _______________ להתנהג
בצורה אחראית, לבוא _______________ השיעורים, ובזמן, להראות שהלימודים
_______________ להם. היא לא מסכימה _______________—הלימודים מאוד
חשובים לה, _______________ היא לא חושבת שהיא _______________ להראות את
זה. היא _______________ קשה, הציונים שלה טובים _______________, וזה מספיק!
אני לא _______________ לשיעורים רק כשהייתי חולה _______________ כשנסעתי
לחתונה של הדוד _______________, פפיטו, לפני שנתיים. הוא _______________ בגיל
מאוד מאוחר—הוא _______________ בן חמישים ושלוש! אני _______________ בדרך
כלל לא מאחר—_______________ לי לבוא בזמן. טוב, _______________ באמת שונים,
אבל בחברה _______________ יש מקום לאנשים שונים, ו_______________ לקבל
אותם כמו שהם. _______________ לא תמיד, אבל בדרך _______________.

תרגיל ז

All these topics are present in our text. Circle the one that best describes the perspective of the text as a whole.

רות לא תמיד אחראית.

יוני חושב שהוא אחראי.

אנשים מבינים התנהגות אחראית בדרכים שונות.

החתונה של פפיטו.

צריך לקבל אנשים כמו שהם.

תרגיל ח

Provide a follow-up sentence, giving an indication that you understand the situations in which such a sentence is appropriately used.

בדרך כלל _____

_____

לפעמים _____

_____

תרגיל ט

Join the story line—enhance a character! Write a sentence or two about the following person:

פפיטו

_____

_____

ציירו : אנשים שונים וזה טוב.

Unit 11 יחידה יא

Before you start

1. Study the following keywords. There are many more words in the text, but you can figure out most of them based on the context.
Vocabulary flashcards with sound files and memory games for this unit are available in https://www.quia.com/jg/2071233.html.
All words can be found in the final glossary at the end of this book or online at http://www.laits.utexas.edu/hebrew/drupal/themes/hebrewgrid/yt/glossary.pdf.

גידול tumor

סרטני cancerous

חוזרת (she) returns

to visit לבקר

scary מפחיד

illnesses מחלות

annoying מעצבן

treatments טיפולים

simple פשוט

(I) hope מקווה

2. Complete the exercise *Unit Yod-Alef: Key Words* in the Humpty Dumpty portal.
3. Complete the exercise *Unit Yod-Alef: Ruth* in the Humpty Dumpty portal.
You are now ready to begin—you will need access to the sound file of the full text as you complete the exercises marked with the headphones icon.
The sound files for all units are available at http://www.laits.utexas.edu/hebrew/yours-truly.

תרגיל א

Fill in the missing words: As you listen to the sound file, identify the missing verbs and fill in the blanks in the text below.

מיכאל צילצל אתמול בערב. ______________ אצל סיגל גידול סרטני קטן בשד השמאלי. היא
______________ ______________ הקרנות וכימותראפיה, אבל הפרוגנוזה שלה טובה. שירה
______________ מתאילנד בעוד שבוע, וגם אבא שלי ______________ ______________
לארץ בקרוב ______________ מה ______________ וגם ______________ את ארז. עד היום
לא ______________ במשפחה שלנו מקרה של סרטן, וזה קצת ______________, אבל יש
בישראל מערכת בריאות טובה מאוד, ואני ______________ שסיגל בידיים טובות. אמא שלי
קצת היפוכונדרית, ותמיד ______________ מסרטן, אז יש לה עכשיו פחדים חדשים וסיבה
טובה ______________ על מחלות. זה ______________ אותי, וגם קצת את אבא שלי (הוא
כבר ______________ לזה). היא ______________ ______________ עם האחיות שלה (שהן

קצת נורוטיות, כמוה!). אני, במקום _____ ,_____ על האינטרנט

ו_____ על המחלה והטיפולים. זה לא פשוט, אבל אני _____ לטוב. אני

_____ _____ אליה. מה _____ למישהי שיש לה סרטן? אני

_____ _____ על זה.

תרגיל ב 🎧

Fill in the missing words: As you listen to the sound file, identify the missing adjectives, and fill in the blanks in the text below, following the example.

1. מצאו אצל סיגל גידול סרטני קטן בשד _____.
2. הפרוגנוזה שלה _____.
3. עד היום לא היה במשפחה של רות מקרה של סרטן, וזה קצת _____.
4. יש בישראל מערכת בריאות _____ מאוד, ורות מקווה שסיגל בידיים _____.
5. אמא של רות קצת _____, ותמיד פחדה מסרטן, אז יש לה עכשיו פחדים _____ וסיבה _____ לדבר על מחלות. האחיות שלה קצת _____, כמוה!
6. המחלה והטיפולים לא _____, אבל רות מקווה לטוב.

תרגיל ג 🎧

Fill in the missing words: As you listen to the sound file, identify the missing words, all of them expressions related to time or duration, and fill in the blanks in the text below, following the example.

1. מיכאל צילצל אתמול _____.
2. שירה חוזרת מתאילנד _____ _____, וגם אבא של רות חושב לנסוע לארץ _____ לראות מה קורה וגם לבקר את ארז. _____ לא היה במשפחה של רות מקרה של סרטן, וזה קצת מפחיד.

3. אמא של רות קצת היפוכונדרית, ו_____ פחדה מסרטן, אז יש לה _____ פחדים חדשים וסיבה טובה לדבר על מחלות. זה מעצבן את רות, וגם קצת את אבא שלה (הוא _____ רגיל לזה).

תרגיל ד

Having listened to the sound file, read the following statements. For each one indicate whether it is correct or incorrect by circling the appropriate sign. In the set there is one (**and only one**) statement which may or may not be correct. We can make an educated guess, but we cannot tell for sure based on the information provided in the sound file—for this statement select the question mark.

מיכאל צילצל לפני שלושה ימים לספר על הסרטן של סיגל.   ✓   ✗   ?

יש לסיגל גידול בשד השמאלי.   ✓   ✗   ?

הפרוגנוזה של סיגל טובה.   ✓   ✗   ?

שירה עכשיו בארץ.   ✓   ✗   ?

זה המקרה הראשון של סרטן במשפחה.   ✓   ✗   ?

אבא של רות לא פוחד ממחלות.   ✓   ✗   ?

רות חושבת שהרופאים של סיגל יהיו טובים.   ✓   ✗   ?

רות יודעת מה להגיד לסיגל.   ✓   ✗   ?

רות חיפשה אינפורמציה באינטרנט.   ✓   ✗   ?

תרגיל ה

Fill in the missing words: As you listen to the sound file, identify the missing words, all of them pertaining to illnesses and treatments, and fill in the blanks in the text below, following the example.

1. מיכאל צילצל אתמול בערב. מצאו אצל סיגל **גידול** _____ קטן בשד השמאלי. היא צריכה לעשות _____ _____, אבל ה_____ שלה טובה.

2. עד היום לא היה במשפחה של רות מקרה של _____, וזה קצת מפחיד, אבל יש בישראל _____ _____ טובה מאוד, ורות מקווה שסיגל בידיים טובות.

3. אמא של רות קצת _____, ותמיד פחדה מ_____, אז יש לה עכשיו פחדים חדשים וסיבה טובה לדבר על _____.

4. האחיות שלה קצת _____, כמוה!

5. רות ישבה על האינטרנט וקראה על ה_____ וה_____.

תרגיל ו

Fill in the missing words: In this exercise you will be paraphrasing the text and reorganizing its information. First listen to the sound file. Then read the statements below, and fill in the blanks, drawing your information from the text.

1. מיכאל **צילצל** לספר למשפחה על ה_____ של סיגל.

2. ה_____ של סיגל ב_____ השמאלי.

3. סיגל צריכה לעשות הקרנות ו_____ בגלל _____.

4. אבא של רות יסע לארץ _____ מה קורה עם סיגל וגם _____ את הבן שלו, ארז.

5. רות חושבת שמערכת ה_____ בארץ טובה ושסיגל _____ טובות.

6. אמא של רות אוהבת לדבר על ____________ כי היא ____________.

7. אבא של רות כבר ____________ לדיבורים על מחלות, אבל זה עדיין ____________ אותו.

8. רות ____________ הרבה על המחלה וה____________ באינטרנט.

תרגיל ז

Fill in the missing words: As you listen to the sound file, identify the missing words and fill in the blanks in the text below following the example. The omissions have no particular focus—they are mechanical (every fifth word).

מיכאל צילצל אתמול בערב. ____________ אצל סיגל גידול סרטני ____________
בשד השמאלי. היא צריכה ____________ הקרנות וכימותראפיה, אבל הפרוגנוזה
____________ טובה. שירה חוזרת מתאילנד ____________ שבוע, וגם אבא שלי
____________ לנסוע לארץ בקרוב לראות ____________ קורה וגם לבקר את
____________. עד היום לא היה ____________ שלנו מקרה של סרטן,
____________ קצת מפחיד, אבל יש ____________ מערכת בריאות טובה מאוד,
____________ מקווה שסיגל בידיים טובות. ____________ שלי קצת
היפוכונדרית, ותמיד ____________ מסרטן, אז יש לה ____________ פחדים
חדשים וסיבה טובה ____________ על מחלות. זה מעצבן ____________, וגם
קצת את אבא ____________ (הוא כבר רגיל לזה). ____________ יכולה לדבר
עם האחיות ____________ (שהן קצת נורוטיות, כמוה!). ____________, במקום
לדאוג, ישבתי על ____________ וקראתי על המחלה והטיפולים. ____________
לא פשוט, אבל אני ____________ לטוב. אני רוצה לצלצל ____________. מה
אומרים למישהי שיש ____________ סרטן? אני צריכה לחשוב ____________ זה.

תרגיל ח

Fill in the blanks: Provide **one** word that will complete the statements, relating them to the text.

סיגל חולה.

1. שירה _____.

2. אמא של רות _____ מסרטן.

3. האחיות של דבורה _____.

4. סרטן היא מחלה לא _____.

5. רות צריכה _____ מה אומרים למישהי שיש לה סרטן.

תרגיל ט

All these topics are present in our text. Circle the one that best describes the text as a whole.

אמא של רות היפוכונדרית.

יש מקרה של סרטן במשפחה של רות.

אבא של רות נוסע לבקר את ארז.

רות יודעת למצוא אינפורמציה באינטרנט.

תרגיל י

Responding to the clue, provide a follow-up sentence, giving an indication that you understand the situations in which such a sentence can be used. Your sentence should relate to your own experience, not to the text of this unit.

מאוד הצטערתי לשמוע על המחלה שלך.

_____

_____

תרגיל יא

Join the story line—enhance a character! Write a couple of sentences about the following person:

שירה

_____

_____

Draw: Symbols of hope.

ציירו: מזל סרטן

Unit 12   יחידה יב

Before you start

1. Study the following keywords. There are many more words in the text, but you can figure out most of them based on the context.
Vocabulary flashcards with sound files and memory games for this unit are available in
https://www.quia.com/jg/2071234.html.
All words can be found in the final glossary at the end of this book or online at
http://www.laits.utexas.edu/hebrew/drupal/themes/hebrewgrid/yt/glossary.pdf.

suddenly   פתאום

Paul feels like (doing something)   יש לפול חשק

(he) pays   משלם

טיול trip

יחסים relationships

רציניים serious

להישאר to stay

עתיד future

נמאס לי I am sick and tired of

נישואים marriage

2. Complete the exercise *Unit Yod-Bet: Key Words* in the Humpty Dumpty portal.
3. Complete the exercise *Unit Yod-Bet: Yoni* in the Humpty Dumpty portal.

You are now ready to begin—you will need access to the sound file of the full text as you complete the exercises marked with the headphones icon.

תרגיל א

Fill in the missing words: As you listen to the sound file, identify the missing verbs and fill in the blanks in the text below, following the example.

פתאום יש לפול חשק לנסוע לדרום אמריקה, והוא _____ אותי _____ איתו. אני לא כל כך _____ מה _____.

אפילו אם הוא _____ בשביל הטיול (אני חושב שזה _____ משהו כמו חמשת אלפים דולר), אני _____ _____ בקיץ כדי _____ מספיק כסף לשנה הבאה. חוץ מזה, זה לא זמן כל כך טוב בשבילי. _____ לפני חודשיים בחורה ש_____ אותי, ואני _____ שהיחסים בינינו _____ רציניים. _____ לה נטלי, והיא סטודנטית לפסיכולוגיה. היא _____ _____ בקיץ באוסטין ו_____, ואני _____ _____ שזה _____ _____ זמן טוב בשבילנו _____ לאן אנחנו _____ _____. אני

__________ הרבה על העתיד בזמן האחרון—אני לא __________ למה, אבל
אולי אני __________ קצת ואולי __________ לי כבר __________
חיים של סטודנט. אני __________ שאני __________ __________,
ונישואים הם חלק מהתמונה. פול עוד לא נשוי— לא __________ לי שהוא
__________ עם בחורות. אולי בגלל זה הוא __________
__________ רחוק— יש כמה נשים ש__________ אחריו כי הוא מהנדס,
ואין לו סבלנות בשביל זה.

תרגיל ב

Fill in the missing words: As you listen to the sound file, identify the missing prepositions and fill in the blanks in the text below, following the example.

1. פתאום יש לפול חשק לנסוע ___דרום אמריקה, והוא הזמין אותי לנסוע __________.

2. אפילו אם הוא משלם __________ הטיול (אני חושב שזה יכול לעלות משהו __________ חמשת אלפים דולר), אני צריך לעבוד ___קיץ כדי לחסוך מספיק כסף ___שנה הבאה. חוץ ___זה, זה לא זמן כל כך טוב __________.

3. פגשתי __________ חודשיים בחורה שמעניינת אותי, ואני חושב שהיחסים __________ יכולים להיות רציניים. קוראים ______ נטלי, והיא סטודנטית ___פסיכולוגיה.

4. היא חושבת להישאר ___קיץ ___אוסטין ולעבוד, ואני חושב שזה יכול להיות זמן טוב __________ לראות לאן אנחנו רוצים ללכת.

5. אני חושב הרבה ______ העתיד ___זמן האחרון—אני לא יודע למה, אבל אולי אני מזדקן קצת ואולי נמאס ______ כבר לחיות חיים ______ סטודנט.

6. פול עוד לא נשוי— לא נראה ______ שהוא מסתדר ______ בחורות. אולי __________ זה הוא רוצה לנסוע רחוק— יש כמה נשים שרודפות __________ כי הוא מהנדס, ואין ______ סבלנות __________ זה.

תרגיל ג

Fill in the missing words: As you listen to the sound file, identify the missing words, all of them pertaining to time or duration, and fill in the blanks in the text below, following the example.

פתאום יש לפול חשק לנסוע לדרום אמריקה, והוא הזמין אותי לנסוע איתו.

1. אני צריך לעבוד _____ כדי לחסוך מספיק כסף _____. חוץ מזה, זה לא _____ כל כך טוב בשבילי. פגשתי _____ _____ בחורה שמעניינת אותי, ואני חושב שהיחסים בינינו יכולים להיות רציניים.

2. נטלי חושבת להישאר _____ באוסטין ולעבוד, ואני חושב שזה יכול להיות _____ טוב בשבילנו לראות לאן אנחנו רוצים ללכת.

3. אני חושב הרבה על ה_____ _____ _____—אני לא יודע למה, אבל אולי אני מזדקן קצת ואולי נמאס לי _____ לחיות חיים של סטודנט.

4. פול _____ _____ נשוי— לא נראה לי שהוא מסתדר עם בחורות.

תרגיל ד

Fill in the missing words: In this exercise you will be paraphrasing the text and reorganizing its information. First listen to the sound file. Then read the statements below, and fill in the blanks, drawing your information from the text and using one word only.

1. פול רוצה לעשות _____ בדרום אמריקה, והוא רוצה שיוני איתו.

2. הטיול יכול _____ חמשת אלפים דולר.

3. יוני צריך להישאר באוסטין בקיץ כי הוא צריך _____.

4. יוני פגש בחורה בשם _____.

5. יוני מרגיש שהוא כבר קצת _____ וצריך להתחתן.

6. יוני חושב שפול לא _____ עם בחורות, אבל שהן רוצות אותו כי הוא _____.

7. פול רוצה _____ רחוק, ויוני חושב שאולי זה בגלל הבחורות!

תרגיל ה

Having listened to the sound file, read the following statements. For each one indicate whether it is correct or incorrect by circling the appropriate sign. In the set there is one (**and only one**) statement which may or may not be correct. We can make an educated guess, but we cannot tell for sure based on the information provided in the sound file—for this statement select the question mark.

פול כבר הרבה זמן מדבר על נסיעה לדרום אמריקה.   ✓   ✗   ?

יוני מרגיש בסדר עם חיים של סטודנט.   ✓   ✗   ?

נטלי סטודנטית—היא לומדת פסיכולוגיה.   ✓   ✗   ?

יוני פגש את נטלי באוניברסיטה.   ✓   ✗   ?

יוני חושב שאולי הגיע הזמן להתחתן.   ✓   ✗   ?

נטלי אולי תעבוד בקיץ באוסטין.   ✓   ✗   ?

יוני חושב שפול מתעניין בבחורות.   ✓   ✗   ?

תרגיל ו 🎧

Fill in the missing words: As you listen to the sound file, identify the missing words and fill in the blanks in the text below following the example. The omissions have no particular focus—they are mechanical (every fifth word).

_____ יש לפול חשק לנסוע _____ אמריקה, והוא הזמין אותי

_____ איתו. אני לא כל _____ יודע מה לעשות. אפילו _____ הוא משלם בשביל הטיול (_____ חושב שזה יכול לעלות _____ כמו חמשת אלפים דולר), _____ צריך לעבוד בקיץ כדי _____ מספיק כסף לשנה הבאה. _____ מזה, זה לא זמן _____ כך טוב בשבילי. פגשתי _____ חודשיים בחורה שמעניינת אותי, _____ חושב שהיחסים בינינו יכולים _____ רציניים. קוראים לה נטלי, _____ סטודנטית לפסיכולוגיה. היא חושבת _____ בקיץ באוסטין ולעבוד, ואני _____ שזה יכול להיות זמן _____ בשבילנו לראות לאן אנחנו _____ ללכת. אני חושב הרבה _____ העתיד בזמן האחרון—אני לא _____ למה, אבל אולי אני _____ קצת ואולי נמאס לי _____ לחיות חיים של סטודנט. אני _____ שאני צריך להתייצב, ונישואים _____ חלק מהתמונה. פול עוד _____ נשוי— לא נראה לי _____ מסתדר עם בחורות. אולי _____ זה הוא רוצה לנסוע _____ — יש כמה נשים שרודפות _____ כי הוא מהנדס, ואין _____ סבלנות בשביל זה.

תרגיל ז

Fill in the blanks: Provide **one** word that will complete the statements, relating them to the text.

פול רוצה לנסוע לדרום אמריקה.

1. פול הזמין את יוני לנסוע _____.

2. הטיול יכול לעלות חמשת אלפים דולר-- הוא _____.

3. יוני צריך לעבוד בקיץ כי הוא צריך _____.

4. נטלי _____.

5. יש ליוני עניין בנטלי. הוא רוצה _____ אותה יותר טוב.

6. _____ כסף= לשמור כסף בשביל העתיד.

7. יוני חושב הרבה על _____.

8. פול לא נשוי—אין לו _____.

9. לפול אין _____ טובים עם בחורות.

תרגיל ח

All these topics are present in our text. Circle the one that best describes the text as a whole.

הטיול של פול לדרום אמריקה.

יוני פגש בחורה בשם נטלי.

יוני חושב מה לעשות.

פול לא מסתדר עם נשים.

תרגיל ט

Responding to the clue and completing the phrase below to form a full sentence, give an indication that you understand the situations in which such a phrase can be used. Your sentence should relate to your own experience, not to the text of this unit.

אין לי סבלנות בשביל _____

_____

תרגיל י

Join the story line—create a character! Write a sentence or two about the following situation:

סוּ אֶלֶן רודפת אחרי פול _____

_____

_____

אמא של נטלי _____
_____
_____

ציירו: יוני חושב על חתונה.

Unit 13 יחידה יג

Before you start

1. Study the following keywords. There are many more words in the text, but you can figure out most of them based on the context.
Vocabulary flashcards with sound files and memory games for this unit are available in https://www.quia.com/jg/2071235.html.
All words can be found in the final glossary at the end of this book or online at http://www.laits.utexas.edu/hebrew/drupal/themes/hebrewgrid/yt/glossary.pdf.

easy קל

to decide להחליט

to draw, paint לצייר

I will travel אסע

(something) got into his head נכנס לו לראש

stupid טפשי

thin, slim רזה

blond בלונדינית

hardly בקושי

(it) will pass יעבור

2. Complete the exercise *Unit Yod-gimel: Key Words* in the Humpty Dumpty portal.
3. Complete the exercise *Unit Yod-gimel: Ruth* in the Humpty Dumpty portal.
You are now ready to begin—you will need access to the sound file of the full text as you complete the exercises marked with the headphones icon.

תרגיל א

Fill in the missing words: As you listen to the sound file, identify the missing verbs and fill in the blanks in the text below, following the example.

לא קל לי להחליט מה אני רוצה ________________ בקיץ. אני ________________
ברצינות על כמה קורסים בגרפיקה—תמיד ________________ לצייר, ואני
________________ שקורסים בגרפיקה________________ דבר טוב בשבילי. ואולי
________________ לארץ בקיץ. יוני ________________ ________________ לברזיל
עם פול, אבל ________________ ________________ באוסטין. הוא ________________
שהוא ________________ ________________, אבל אני ________________ שבאמת
זה בגלל איזה בחורה שהוא ________________. אני לא ________________ מה
________________ לו לראש— פתאום הוא ________________ שהוא
________________ ________________. זה טפשי, ואני גם ________________
שהבחורה היא לא מי יודע מה—רזה, בלונדינית, עיניים כחולות, בקושי ________________.

אני ____________ שזה ____________ לו—הוא ____________ משהו
יותר טוב. גם לארז יש עכשיו חברה, אבל אני לא ____________עליה שום דבר חוץ מזה
שהיא חיילת בבסיס שלו. הוא ____________ אם אנחנו ____________ עליה.
אולי אני באמת ____________ ____________ לארץ ____________ מה
____________ שם!

תרגיל ב

Fill in the missing words: As you listen to the sound file, identify the missing prepositions and fill in the blanks in the text below, following the example.

1. לא קל לי להחליט מה אני רוצה לעשות ___קיץ. אני חושבת ___רצינות ______ כמה
קורסים ___גרפיקה—תמיד אהבתי לצייר, ואני חושבת שקורסים ___גרפיקה יהיו דבר טוב
__________.

2. יוני חשב לנסוע ___ברזיל ______ פול, אבל החליט להישאר ___אוסטין. הוא אומר שהוא
צריך לעבוד, אבל אני חושבת שבאמת זה ________ איזה בחורה שהוא פגש. אני לא יודעת מה
נכנס ______ ___ראש— פתאום הוא חושב שהוא צריך להתחתן.

3. אני מקווה שזה יעבור _______—הוא צריך משהו יותר טוב. גם ___ארז יש עכשיו חברה, אבל
אני לא יודעת ________ שום דבר חוץ ___זה שהיא חיילת ___בסיס ________. הוא
מתעצבן אם אנחנו שואלים _________.

4. אולי אני ___אמת צריכה לנסוע ___ארץ לראות מה קורה שם!

תרגיל ג

Identify parallel sentences: In this exercise you are given sentences that mimic sentences from the text. Listen to the sound file, and then identify the sentences in the text for which a parallel sentence is given below, following the example.

אני לא יודעת מה לעשות בקיץ. לא קל לי להחליט מה אני רוצה לעשות בקיץ.

1. אולי אני אלמד גרפיקה. _____

_____

2. יוני יהיה בקיץ באוסטין ולא יסע לברזיל. _____

_____

3. אני לא מבינה את יוני. _____

_____

4. הבחורה שיוני פגש לא מיוחדת. _____

_____

5. ארז לא אוהב שאנחנו שואלים על החברה שלו. _____

_____

6. אני חושבת לנסוע לארץ לראות מה כולם עושים. _____

_____

תרגיל ד

Having listened to the sound file, read the following statements. For each one indicate whether it is correct or incorrect by circling the appropriate sign. In the set there is one (**and only one**) statement which may or may not be correct. We can make an educated guess, but we cannot tell for sure based on the information provided in the sound file—for this statement select the question mark.

רות יודעת מה היא תעשה בקיץ.   ✓   ✗   ?

יוני יסע לברזיל עם פול.   ✓   ✗   ?

פעם רות אהבה לצייר, אבל עכשיו היא לא אוהבת לצייר. ✓ ✗ ?

רות מסכימה שיוני צריך להתחתן. ✓ ✗ ?

רות חושבת שהבחורה שיוני פגש לא טובה בשבילו. ✓ ✗ ?

רות חושבת שיוני ישאר בקיץ באוסטין כי הוא צריך לעבוד. ✓ ✗ ?

החברה של ארז וארז באותו הבסיס. ✓ ✗ ?

החברה של יוני יותר גבוהה ממנו. ✓ ✗ ?

ארז אוהב לדבר על החברה שלו. ✓ ✗ ?

תרגיל ה

Fill in the missing words: As you listen to the sound file, identify the missing words and fill in the blanks in the text below following the example. The omissions have no particular focus—they are mechanical (every fifth word).

לא קל לי להחליט ______________ אני רוצה לעשות בקיץ. ______________ חושבת
ברצינות על כמה ______________ בגרפיקה—תמיד אהבתי לצייר, ______________ חושבת
שקורסים בגרפיקה יהיו ______________ טוב בשבילי. ואולי אסע ______________ בקיץ.
יוני חשב לנסוע ______________ עם פול, אבל החליט ______________ באוסטין. הוא
אומר שהוא ______________ לעבוד, אבל אני חושבת ______________ זה בגלל איזה
בחורה ______________ פגש. אני לא יודעת ______________ נכנס לו לראש— פתאום
______________ חושב שהוא צריך להתחתן. ______________ טפשי, ואני גם חושבת
______________ היא לא מי יודע מה—______________, בלונדינית, עיניים כחולות,
בקושי ______________. אני מקווה שזה יעבור ______________—הוא צריך משהו יותר
______________. גם לארז יש עכשיו ______________, אבל אני לא יודעת
______________ שום דבר חוץ מזה ______________ חיילת בבסיס שלו. הוא

_____ אם אנחנו שואלים עליה. _____ אני באמת צריכה לנסוע

_____ לראות מה קורה שם!

תרגיל ו

Three of the topics below are part the text. The fourth is not, although it is very close and may look like it does pertain to the text. Identify the statement that DOES NOT pertain to the text.

רות לא יודעת מה לעשות בקיץ.

מה רות חושבת על החברה של יוני.

מה רות יודעת על החברה של ארז.

התוכניות של פול לקיץ.

תרגיל ז

Complete the sentence, giving an indication that you understand the situations in which such a sentence is appropriately used.

לא קל לי _____

_____

תרגיל ח

Join the story line—enhance a character! Write a couple of sentences about the following persons:

החברה של ארז _____

_____

נטלי
_____

_____

ציירו: גרפיקה

Unit 14   יחידה יד

Before you start

1. Study the following keywords. There are many more words in the text, but you can figure out most of them based on the context.
Vocabulary flashcards with sound files and memory games for this unit are available in
https://www.quia.com/jg/2071261.html.
All words can be found in the final glossary at the end of this book or online at
http://www.laits.utexas.edu/hebrew/drupal/themes/hebrewgrid/yt/glossary.pdf.

תקציב budget

פיטרו they laid off, fired

מצב situation

אווירה atmosphere

מצב רוח mood (usually bad)

מדוכאת (she) is depressed

להתמודד to handle, to deal with

לא סובלת (she) cannot stand (someone/something)

מקנאה (she) is jealous

קעקוע tattoo

2. Complete the exercise *Unit Yod-Dalet: Key Words* in the Humpty Dumpty portal.
3. Complete the exercise *Unit Yod-Dalet: Yoni* in the Humpty Dumpty portal.
You are now ready to begin—you will need access to the sound file of the full text as you complete the exercises marked with the headphones icon.

תרגיל א

Fill in the missing words: As you listen to the sound file, identify the missing verbs and fill in the blanks in the text below, following the example.

יש בעיות כלכליות קשות באוניברסיטה, ואני לא יודע מה _____ בשנה הבאה עם העבודה שלי. בכל מקום _____ בתקציב. _____ אצלנו כמה מרצים, ואני _____ שלא _____ מספיק משרות של עוזרי הוראה. אני _____ _____ עם המנחה שלי ו_____ מה המצב. יש אווירה די קשה בקמפוס, וכמובן כולם _____ על המאמן של קבוצת הפוטבול ש_____ משהו כמו חמישה מיליון דולר בשנה. בכלל, אני במצב רוח בזמן האחרון— העניינים עם נטלי לא _____ כל כך טוב, ואני _____ שהיא קצת מדוכאת. אני לא _____ אם אני _____ _____ עם דיכאון— אני _____ .רות _____ שהיא לא _____ את נטלי, וזה לא _____ את הדברים יותר קלים. אני _____ שאולי היא קצת

__________, אבל לא __________ למה. ואולי זה סתם זמן קשה בשבילה—הדודה שלה בארץ חולה, יש לה בעיות עם מרצה שלא במיוחד __________ את ההתנהגות שלה, ו__________ לה קצת מהלימודים. אתמול היא __________ ו__________ קעקוע חדש על הגב—אני ממש לא __________ את זה.

תרגיל ב

Fill in the missing words: As you listen to the sound file, identify the missing words, all of which have to do with difficulties or problems and contributing to the overall negative tone of the text. Fill in the blanks in the text below, following the example.

1. יש בעיות כלכליות __________ באוניברסיטה, ואני לא יודע מה יהיה בשנה הבאה עם העבודה שלי. בכל מקום __________ בתקציב. __________ אצלנו כמה מרצים, ואני חושב ש______ __________ __________ משרות של עוזרי הוראה.

2. יש אווירה די __________ בקמפוס, וכמובן כולם מדברים על המאמן של קבוצת הפוטבול שמקבל משהו כמו חמישה מיליון דולר בשנה.

3. בכלל, אני ב__________ __________בזמן האחרון— העניינים עם נטלי ____ __________ כל כך טוב, ואני חושב שהיא קצת __________. אני לא יודע אם אני יכול להתמודד עם __________—אני מנסה.

4. רות החליטה שהיא ______ __________ את נטלי, וזה לא עושה את הדברים יותר קלים. אני חושב שאולי היא קצת __________, אבל לא מבין למה. ואולי זה סתם זמן __________ בשבילה—הדודה שלה בארץ __________, יש לה __________ עם מרצה שלא במיוחד אוהב את ההתנהגות שלה, ו__________ לה קצת מהלימודים. אתמול היא הלכה ועשתה קעקוע חדש על הגב—אני ממש __________ ________את זה.

תרגיל ג

Identify parallel sentences: In this exercise you are given sentences that mimic sentences from the text. Listen to the sound file, and then identify the sentences in the text for which a parallel sentence is given below, following the example.

יש בעיות עם כספים באוניברסיטה. יש בעיות כלכליות קשות באוניברסיטה.

1. אולי לא תהיה לי עבודה. _____

3. אנשים היו צריכים לעזוב את העבודה שלהם. _____

3. אנשים בקמפוס דואגים. _____

4. אני קצת עצוב. _____

5. דברים לא מסתדרים. _____

6. רות מאוד לא אוהבת את נטלי. _____

7. רות כבר לא רוצה ללמוד. _____

תרגיל ד

Having listened to the sound file, read the following statements. For each one indicate whether it is correct or incorrect by circling the appropriate sign. In the set there is one (**and only one**) statement which may or may not be correct. We can make an educated guess, but we cannot tell for sure based on the information provided in the sound file—for this statement select the question mark.

המצב הכלכלי באוניברסיטה בסדר. ✓ ✗ ?

המחלקות באוניברסיטה מקבלות פחות כסף עכשיו. ✓ ✗ ?

כולם מדברים על המאמן של קבוצת הפוטבול. ✓ ✗ ?

מצב הרוח בקמפוס לא נעים. ✓ ✗ ?

יוני יודע שלא תהיה לו עבודה בשנה הבאה.   ✓   ✗   ?

יוני חושב שנטלי מרגישה קצת עצובה.   ✓   ✗   ?

קשה ליוני עם נטלי ורות.   ✓   ✗   ?

הפרופסור של רות לא אוהב את ההתנהגות שלה.   ✓   ✗   ?

לרות יש קעקוע על היד.   ✓   ✗   ?

תרגיל ה

In this exercise the statement are given in direct or indirect speech. Direct speech implies a quote (e.g., Yoni: "Ruth has difficulties with her professors."), and indirect speech implies a report (e.g., Yoni says that Ruth has difficulties with her professors.) Using verbs like *say, tell, think,* or *ask*, provide the parallel indirect עקיף or direct ישיר speech version for each of the given sentences, so that each sentence appears in two versions the way it does in the example.

(ישיר) יוני : "אני לא יודע מה יהיה בשנה הבאה עם העבודה שלי."

(עקיף) יוני מספר שהוא לא יודע מה יהיה בשנה הבאה עם העבודה שלו.

(ישיר 1) יוני : "אני צריך לדבר עם המנחה שלי ולראות מה המצב."

(עקיף 1) _____

_____

(ישיר 2) יוני : "העניינים עם נטלי לא הולכים כל כך טוב, ואני חושב שהיא קצת מדוכאת."

(עקיף 2) _____

_____

(ישיר 3) יוני : "אני לא יודע אם אני יכול להתמודד עם דיכאון—אני מנסה."

עקיף 3) ____

____

ישיר 4) רות: "____"

עקיף 4) רות החליטה שהיא לא סובלת את נטלי.

ישיר 5) רות: "____

____

____"

עקיף 5) הדודה של רות בארץ חולה, יש לה בעיות עם מרצה שלא במיוחד אוהב את ההתנהגות שלה, ונמאס לה קצת מהלימודים.

תרגיל ו

Fill in the missing words: As you listen to the sound file, identify the missing words and fill in the blanks in the text below following the example. The omissions have no particular focus—they are mechanical (every fifth word).

יש בעיות כלכליות קשות באוניברסיטה, ואני ____________ יודע מה יהיה בשנה

____________ עם העבודה שלי. בכל ____________ מקצצים בתקציב. פיטרו

אצלנו ____________ מרצים, ואני חושב שלא ____________ מספיק משרות של

עוזרי ____________. אני צריך לדבר עם ____________ שלי ולראות מה המצב.

____________ אווירה די קשה בקמפוס, ____________ כולם מדברים על המאמן

____________ קבוצת הפוטבול שמקבל משהו ____________ חמישה מיליון דולר

בשנה. ____________, אני במצב רוח בזמן ____________— העניינים עם נטלי לא

____________ כל כך טוב, ואני ____________ שהיא קצת מדוכאת. אני

____________ יודע אם אני יכול ____________ עם דיכאון—אני מנסה.

____________ החליטה שהיא לא סובלת ____________ נטלי, וזה לא עושה

_____ הדברים יותר קלים. אני _____ שאולי היא קצת מקנאה, _____ לא מבין למה. ואולי _____ סתם זמן קשה בשבילה—_____ שלה בארץ חולה, יש _____ בעיות עם מרצה שלא _____ אוהב את ההתנהגות שלה, ו_____ לה קצת מהלימודים. אתמול _____ הלכה ועשתה קעקוע חדש _____ הגב—אני ממש לא _____ את זה.

תרגיל ז

Three of the topics below appear in the text. The fourth does not, although it is very close and may look like it does pertain to the text. Identify the topic that DOES NOT pertain to the text.

בעיות כלכליות באוניברסיטה.

פחדים של יוני.

הדיכאון של נטלי.

למה אנשים לא צריכים לעשות קעקועים.

תרגיל ח

Responding to the clue and completing the phrases below to form full sentences, give an indication that you understand the situations in which such phrases can be used. Your sentences should relate to your own experiences, not to the text of this unit.

נמאס לי מ _____

אני קצת בדיכאון_____

_____

אני לא סובל/ת את _____

_____

תרגיל ט

Join the story line—write a couple of sentences about the following topic (add a drawing):

הקעקוע של רות _____

_____

Unit 15 יחידה טו

Before you start

1. Study the following keywords. There are many more words in the text, but you can figure out most of them based on the context.
Vocabulary flashcards with sound files and memory games for this unit are available in https://www.quia.com/jg/2071243.html.
All words can be found in the final glossary at the end of this book or online at http://www.laits.utexas.edu/hebrew/drupal/themes/hebrewgrid/yt/glossary.pdf.

really באמת

myself עצמי

idea רעיון

(we) understand מבינים

each other זה את זה

he changed (as in became different) השתנה

to get used (to a something) להתרגל

(he is) busy עסוק

advisor יועצת

environment סביבה

2. Complete the exercise *Unit Tet-Vav: Key Words* in the Humpty Dumpty portal.
3. Complete the exercise *Unit Tet-Vav: Ruth* in the Humpty Dumpty portal.
You are now ready to begin—you will need access to the sound file of the full text as you complete the exercises marked with the headphones icon.

תרגיל א

Fill in the missing words: As you listen to the sound file, identify the missing verbs and fill in the blanks in the text below, following the example.

אני באמת לא יודעת מה ________________ עם עצמי. קצת ________________ לי

מהלימודים, ואני ________________ ________________ שנה חופש. ________________

עם אבא שלי, והוא לא ________________ שזה רעיון טוב. ________________ את יוני מה

הוא ________________ על זה, וגם הוא ________________ שזה רעיון לא טוב. אנחנו לא

________________ זה את זה בזמן האחרון. הוא ________________—אני חושבת שזה

בגלל נטלי. אין מה ________________— אני ________________ ________________

למצב, גם אם אני לא ________________ את זה. אבל אני ________________ מישהו

ש________________ אותי ו________________ לי ________________ החלטות נכונות,

ולא ________________ עם מי ________________. אמא שלי ________________ בעולם

אחר, ו________________ רק על עצמה. אבא שלי ________________ בבעיות שלו ואין לו

מספיק זמן בשבילי. אולי אני ________________ ________________ עם היועצת בחוג

לפיזיקה, אבל אני לא _____ מה _____ לה. אולי אני _____ עם אורי ועופר. הם _____ אותי—הם _____ מה זה _____ שונה ו_____ עם סביבה שלא _____ אותך...

תרגיל ב

Identify parallel sentences: In this exercise you are given sentences that mimic sentences from the text. Listen to the sound file, and then identify the sentences in the text for which a parallel sentence is given below, following the example.

אני ממש לא מסתדרת. אני באמת לא יודעת מה לעשות עם עצמי.

1. אני לא רוצה ללמוד יותר. _____

2. אבא שלי לא מסכים איתי. _____

3. יוני כבר לא מה שהוא היה. _____

4. אמא שלי לא מבינה את החיים. _____

5. אמא שלי לא חושבת על אף אחד. _____

6. אורי ועופר יודעים מה זה לא להיות כמו כולם.
_____

תרגיל ג

Having listened to the sound file, read the following statements. For each one indicate whether it is correct or incorrect by circling the appropriate sign. In the set there is one (**and only one**) statement which may or may not be correct. We can make an educated guess, but we cannot tell for sure based on the information provided in the sound file—for this statement select the question mark.

נמאס לרות מהלימודים. ✓ ✗ ?

קשה לרות להסתדר עם יוני בזמן האחרון. ✓ ✗ ?

רות חושבת שיוני השתנה בגלל נטלי.   ✓   ✗   ?

רות יודעת מה להגיד ליועצת.   ✓   ✗   ?

אמא של רות לא חושבת ששנה של חופש זה רעיון טוב.   ✓   ✗   ?

יוני חושב ששנה של חופש זה רעיון טוב.   ✓   ✗   ?

אבא של רות תמיד עסוק.   ✓   ✗   ?

רות חושבת שאורי ועופר יבינו אותה כי הם שונים.   ✓   ✗   ?

תרגיל ד

In this exercise the statement are given in direct or indirect speech. Direct speech implies a quote (e.g., Yoni: "Ruth has difficulties with her professors."), and indirect speech implies a report (e.g., Yoni says that Ruth has difficulties with her professors.) Using verbs like *say, tell, think*, or *ask*, provide the parallel indirect עקיף or direct ישיר speech version for each of the given sentences, so that each sentence appears in two versions the way it does in the example.

(ישיר) רות : "אני באמת לא יודעת מה לעשות עם עצמי."

(עקיף) רות אומרת שהיא באמת לא יודעת מה לעשות עם עצמה.

(ישיר 1) רות : "דיברתי עם אבא שלי, והוא לא חושב שזה רעיון טוב."

(עקיף 1) _____

_____

(ישיר 2) רות : "אני צריכה מישהו שיבין אותי ויעזור לי לקבל החלטות נכונות."

(עקיף 2) _____

_____

(ישיר 3) רות: "אבא שלי עסוק בבעיות שלו ואין לו מספיק זמן בשבילי."

(עקיף 3) ____

____

(ישיר 4) רות: "אני אדבר עם אורי ועופר. הם יבינו אותי!"

(עקיף 4) ____

____

(ישיר 5) רות: " ____

____

(עקיף 5) רות שואלת מה היא יכולה לעשות עכשיו, כשאין מי שמבין אותה ויכול לעזור לה.

תרגיל ה

Fill in the missing words: As you listen to the sound file, identify the missing words and fill in the blanks in the text below following the example. The omissions have no particular focus—they are mechanical (every fifth word).

אני __________ לא יודעת מה לעשות __________ עצמי. קצת נמאס לי

מה__________, ואני רוצה לקחת שנה __________. דיברתי עם אבא שלי,

ו__________ לא חושב שזה רעיון __________. שאלתי את יוני מה

__________ חושב על זה, וגם __________ חושב שזה רעיון לא __________.

אנחנו לא מבינים זה __________ זה בזמן האחרון. הוא __________—אני

חושבת שזה בגלל __________. אין מה לעשות— אני __________ להתרגל

למצב, גם אם __________ לא אוהבת את זה. __________אני צריכה מישהו

שיבין __________ ויעזור לי לקבל החלטות __________, ולא יודעת עם מי

__________. אמא שלי חיה בעולם __________, וחושבת רק על עצמה.

__________ שלי עסוק בבעיות שלו ו__________ לו מספיק זמן בשבילי.

______________ אני צריכה לדבר עם ה_______________ בחוג לפיזיקה, אבל אני

______________ יודעת מה להגיד לה. ______________ אני אדבר עם אורי

ו_____________. הם יבינו אותי—הם ______________ מה זה להיות שונה

ו_____________ עם סביבה שלא מבינה ______________...

תרגיל ו

All these topics are present in our text. Circle the one that best describes the text as a whole.

רות רוצה שנה חופש.

רות רוצה משהו שונה בחיים.

אין לרות עם מי להתייעץ על דברים חשובים בחיים שלה.

ההורים של רות לא מבינים אותה.

תרגיל ז

Responding to the clues, write follow-up sentences, giving an indication that you understand the situations in which such sentences can be used. Your sentences should relate to your own experience, not to the text of this unit.

אני לא יודע/ת מה לעשות עם עצמי. ______________________________________

____

____

אמא שלי חיה בעולם אחר. ______________________________________

____

____

תרגיל ח

Join the story line! Write a couple of sentences about the following topic. Add a drawing! (you can start with the illustration opening this chapter):

שדרות רוטשילד בתל-אביב

_____
_____
_____

Unit 16   יחידה טז

Before you start

1. Study the following keywords. There are many more words in the text, but you can figure out most of them based on the context.
Vocabulary flashcards with sound files and memory games for this unit are available in
<https://www.quia.com/jg/2071277.html>.
All words can be found in the final glossary at the end of this book or online at
<http://www.laits.utexas.edu/hebrew/drupal/themes/hebrewgrid/yt/glossary.pdf>.

פסח   Passover

מוצלח   successful

מגעיל   disgusting

מכירה   (she) is familiar with

tradition מסורת

reality מציאות

(they) complain מתלוננים

Egypt מצריים

we will come out נצא

2. Complete the exercise *Unit Tet-Zayin: Key Words* in the Humpty Dumpty portal.
3. Complete the exercise *Unit Tet-Zayin: Yoni* in the Humpty Dumpty portal.
You are now ready to begin—you will need access to the sound file of the full text as you complete the exercises marked with the headphones icon.

תרגיל א

Fill in the missing words: As you listen to the sound file, identify the missing verbs and fill in the blanks in the text below, following the example.

חג הפסח השנה לא היה כל כך מוצלח. ____________ עם רות ונטלי להילל בערב הראשון.
הסדר ____________ גדול מדי וארוך מדי, והאוכל ____________ די מגעיל. רות ונטלי
____________ קצת, אבל כל אחת מהן ____________ לא נוח—נטלי כי היא לא יהודייה
ולא ____________ את המסורת, ורות כי היא ____________ שהסדר המסורתי לא
____________ למציאות שלנו היום. אני ____________ את הסדר—תמיד
____________ אותו. אבל ____________ עם שתי בחורות שלא ____________ עם
עצמן ועם העולם מסביב, זה ____________ ____________ קשה מאוד. וכולם
____________ עכשיו שהם ____________ ____________ מצות. טוב, נו,
____________ ממצריים—____________ גם מזה!

תרגיל ב

Fill in the missing words: As you listen to the sound file, identify the missing adjectives and adverbs, and fill in the blanks in the text below, following the example.

1. חג הפסח השנה לא היה כל כך ___________. הלכתי עם רות ונטלי להילל בערב

ה__________. הסדר היה ___________ __________ו__________ __________,

והאוכל היה די ___________.

2. רות ונטלי דיברו __________, אבל כל אחת מהן הרגישה לא ___________—נטלי כי

היא לא __________ ולא מכירה את המסורת, ורות כי היא חושבת שהסדר

ה__________ לא _________ למציאות שלנו היום.

3. אני אוהב את הסדר—__________ אהבתי אותו. אבל ללכת עם שתי בחורות שלא

מסתדרות עם עצמן ועם העולם מסביב, זה יכול להיות ___________ ___________. וכולם

מתלוננים _________ שהם צריכים לאכול מצות.

4. __________, נו, יצאנו ממצריים—נצא גם מזה!

תרגיל ג

Identify parallel sentences: In this exercise you are given sentences that mimic sentences from the text. Listen to the sound file, and then identify the sentences in the text for which a parallel sentence is given below, following the example.

חג הפסח השנה לא היה טוב. חג הפסח השנה לא היה כל כך מוצלח.

הסדר לקח הרבה זמן.______________________________________

האוכל היה מאוד לא טוב. ______________________________________

רות ונטלי לא הרגישו טוב. ______________________________________

רות חושבת שהסדר לא אקטואלי.______________________________________

אנשים לא שמחים עם האוכל של פסח.

____

תרגיל ד

Having listened to the sound file, read the following statements. For each one indicate whether it is correct or incorrect by circling the appropriate sign. In the set there is one (**and only one**) statement which may or may not be correct. We can make an educated guess, but we cannot tell for sure based on the information provided in the sound file—for this statement select the question mark.

חג הפסח היה בסדר.   ✓   ✗   ?

יוני הלך להילל עם רות ונטלי.   ✓   ✗   ?

הסדר היה ארוך.   ✓   ✗   ?

יוני אהב את האוכל בהילל.   ✓   ✗   ?

רות ונטלי דיברו בהילל.   ✓   ✗   ?

נטלי הרגישה לא כל כך טוב בסדר.   ✓   ✗   ?

רות לא אוהבת את הסדר המסורתי.   ✓   ✗   ?

יוני אוהב לאכול מצות.   ✓   ✗   ?

תרגיל ה

In this exercise the statement are given in direct or indirect speech. Direct speech implies a quote (e.g., Yoni: "Ruth has difficulties with her professors."), and indirect speech implies a report (e.g., Yoni says that Ruth has difficulties with her professors.) Using verbs like *say, tell, think,* or *ask*, provide the parallel indirect עקיף or direct ישיר speech version for each of the given sentences, so that each sentence appears in two versions the way it does in the example.

(ישיר) יוני : "הלכתי עם רות ונטלי להילל בערב הראשון."

(עקיף) יוני מספר שהוא הלך עם רות ונטלי להילל בערב הראשון.

(ישיר 1) יוני : "אני אוהב את הסדר—תמיד אהבתי אותו."

(עקיף 1) _____

(ישיר 2) כולם : " _____ "

(עקיף 2) כולם מתלוננים עכשיו שהם צריכים לאכול מצות.

(ישיר 3) רות : " _____ "

(עקיף 3) יוני מספר שרות לא הרגישה נוח בסדר.

(ישיר 4) נטלי : " _____ "

(עקיף 4) יוני מספר שנטלי לא מכירה את המסורת היהודית.

תרגיל ו

Fill in the missing words: As you listen to the sound file, identify the missing words and fill in the blanks in the text below following the example. The omissions have no particular focus—they are mechanical (every fifth word).

חג הפסח השנה לא היה _____ כך מוצלח. הלכתי עם _____ ונטלי

להילל בערב הראשון. _____ היה גדול מדי וארוך _____, והאוכל היה

די מגעיל. _____ ונטלי דיברו קצת, אבל _____ אחת מהן הרגישה לא

_____—נטלי כי היא לא _____ ולא מכירה את המסורת,

_____ כי היא חושבת שהסדר _____ לא מתאים למציאות שלנו

_____. אני אוהב את הסדר—_____ אהבתי אותו. אבל ללכת

_____ שתי בחורות שלא מסתדרות _____ עצמן ועם העולם מסביב,

_____ יכול להיות קשה מאוד. _____ מתלוננים עכשיו שהם צריכים

_____ מצות. טוב, נו, יצאנו _____—נצא גם מזה!

תרגיל ז

Matching: Match a word or phrase in the right-hand column with its opposite (or very different parallel) in the left-hand column.

מגעיל	קצר
ארוך	הרבה
גדול	לחם
מתלוננים	לפני שנתיים
מצות	שמחים
השנה	קטן
קצת	מצוין

תרגיל ח

All these topics are present in our text. Circle the one that best describes the text as a whole.

יוני מספר על חג הפסח השנה.

נטלי לא יהודייה.

יוני אוהב את חג הפסח.

אנשים לא אוהבים לאכול מצות.

תרגיל ט

Responding to the clue, provide a number of follow-up sentences, giving an indication that you understand the situations in which such a sentence can be used. Your sentence should relate to your own experience, not to the text of this unit.

חג הוא לפעמים זמן קשה מאוד. _____

_____

_____

תרגיל י

Join the story line—add a character! Write a couple of sentences about the following person:

הרבי של הילל _____

_____

_____

ציירו: איך נראית צלחת הפסח שלכם?

Unit 17   יחידה יז

Before you start

1. Study the following keywords. There are many more words in the text, but you can figure out most of them based on the context.
Vocabulary flashcards with sound files and memory games for this unit are available in
https://www.quia.com/jg/2071266.html.
All words can be found in the final glossary at the end of this book or online at
http://www.laits.utexas.edu/hebrew/drupal/themes/hebrewgrid/yt/glossary.pdf.

related, connected קשור

grandmother סבתא

it is worth her while כדאי לה

tests (as in medical tests) בדיקות

to know לדעת

to prepare (herself) להתכונן

possibility אפשרות

insurance companies חברות ביטוח

character (as of a person's) אופי

(I) resemble, look like דומה

2. Complete the exercise *Unit Yod-Zayin: Key Words* in the Humpty Dumpty portal.
3. Complete the exercise *Unit Yod-Zayin: Ruth* in the Humpty Dumpty portal.
You are now ready to begin—you will need access to the sound file of the full text as you complete the exercises marked with the headphones icon.

תרגיל א

Fill in the missing words: As you listen to the sound file, identify the missing verbs and fill in the blanks in the text below, following the example.

שירה כתבה לי אימייל ארוך. היא ______________ שהסרטן של אמא שלה

______________ לגנטיקה של המשפחה, כי גם לסבתא שלה ______________ סרטן.

השאלה שלה היא אם כדאי לה ______________ לבדיקות גנטיות. אני ______________

שלא. יותר טוב לא ______________. אפילו אם היא ______________—מה היא

______________ ______________? ______________ כל הזמן? אמא שלי

______________ שהיא כן ______________ ______________ לבדיקות,

ו______________ לאפשרות שגם לה ______________ סרטן. אני תמיד

______________ שחברות הביטוח ______________ את הפחד שלנו ממחלות

ו______________ אותנו ______________ דברים שאנחנו לא ______________

______________. לפעמים אני ______________ את עצמי איך ______________ שאמא

שלי ואני כל כך שונות באופי. נכון, אני מאוד _____ לה (בתמונות אנחנו באמת _____ אותו הדבר לפעמים), אבל האופי שלנו שונה לגמרי. אני _____ שזה בגלל שהיא _____ פה ואני _____ בארץ. קשה _____!

תרגיל ב 🎧

Fill in the missing words: As you listen to the sound file, identify the missing words, all of them the initial words of a subordinate clause, and fill in the blanks in the text below, following the example.

שירה כתבה לי אימייל ארוך. היא פוחדת שהסרטן של אמא שלה קשור לגנטיקה של המשפחה.

1. אני חושבת ש_____ טוב לא לדעת.

2. אמא שלי אומרת ש_____ כן צריכה ללכת לבדיקות, ולהתכונן לאפשרות ש_____ לה יהיה סרטן.

3. אני תמיד חושבת ש_____ _____ מנצלות את הפחד שלנו ממחלות ודוחפות אותנו לעשות דברים ש_____ לא צריכים לעשות.

4. לפעמים אני שואלת את עצמי איך קרה ש_____ שלי ואני כל כך שונות באופי.

5. אני חושבת ש_____ בגלל ש_____ גדלה פה ואני גדלתי בארץ. קשה לדעת!

תרגיל ג

Identify parallel sentences: In this exercise you are given sentences that mimic sentences from the text. Listen to the sound file, and then identify the sentences in the text for which a parallel sentence is given below, following the example.

שירה פוחדת שהסרטן של אימא שלה עובר במשפחה. היא פוחדת שהסרטן של אמא שלה קשור לגנטיקה של המשפחה.

1. שירה שואלת אם היא צריכה לעשות בדיקות גנטיות. _____

_____

2. אמא של רות חושבת ששירה צריכה לבדוק אם יש אפשרות שיהיה לה סרטן.

_____

_____

3. רות לא אוהבת את האיסטרטגיות של חברות הביטוח.

_____

_____

4. רות ואמא שלה לא דומות באופי. _____

5. רות ואמא שלה גדלו במקומות אחרים.

_____

תרגיל ד

Having listened to the sound file, read the following statements. For each one indicate whether it is correct or incorrect by circling the appropriate sign. In the set there is one (**and only one**) statement which may or may not be correct. We can make an educated guess, but we cannot tell for sure based on the information provided in the sound file—for this statement select the question mark.

רות כתבה לשירה אימייל.   ✓   ✗   ?

יש סרטן במשפחה של שירה.   ✓   ✗   ?

רות רוצה ששירה תלך לבדיקות גנטיות.   ✓   ✗   ?

רות חושבת שחברות הביטוח מפחידות את האנשים.   ✓   ✗   ?

רות חושבת שהיא ואימא שלה דומות במראה ושונות באופי.   ✓   ✘   ?

אמא של רות גדלה בארץ.   ✓   ✘   ?

תרגיל ה

In this exercise the statement are given in direct or indirect speech. Direct speech implies a quote (e.g., Yoni: "Ruth has difficulties with her professors."), and indirect speech implies a report (e.g., Yoni says that Ruth has difficulties with her professors.) Using verbs like *say, tell, think,* or *ask*, provide the parallel indirect עקיף or direct ישיר speech version for each of the given sentences, so that each sentence appears in two versions the way it does in the example.

(ישיר) רות : "שירה כתבה לי אימייל ארוך."
(עקיף) רות מספרת ששירה כתבה לה אימייל ארוך.

(ישיר 1) שירה : "_____"
_____
(עקיף 1) שירה פוחדת שהסרטן של אמא שלה קשור לגנטיקה של המשפחה, כי גם לסבתא שלה היה סרטן.

(ישיר 2) שירה : "_____
_____"
(עקיף 2) רות מספרת שהשאלה של שירה היא אם כדאי לה ללכת לבדיקות גנטיות.

(ישיר 3) רות : "אני מאוד דומה לאמא שלי (בתמונות אנחנו באמת נראות אותו הדבר לפעמים), אבל האופי שלנו שונה לגמרי."
(עקיף 3) _____
_____

תרגיל ו

Fill in the missing words: As you listen to the sound file, identify the missing words and fill in the blanks in the text below following the example. The omissions have no particular focus—they are mechanical (every fifth word).

שירה כתבה לי אימייל ארוך. היא פוחדת שהסרטן של ______________ שלה קשור לגנטיקה

של ______________, כי גם לסבתא שלה ______________ סרטן. השאלה שלה היא

______________ כדאי לה ללכת לבדיקות ______________. אני חושבת שלא. יותר

______________ לא לדעת. אפילו אם ______________ תדע—מה היא יכולה

______________? לפחוד כל הזמן? ______________ שלי אומרת שהיא כן

______________ ללכת לבדיקות, ולהתכונן לאפשרות ש______________ לה יהיה סרטן.

אני ______________ חושבת שחברות הביטוח מנצלות ______________ הפחד שלנו

ממחלות ודוחפות ______________ לעשות דברים שאנחנו לא ______________ לעשות.

לפעמים אני שואלת ______________ עצמי איך קרה שאמא ______________ ואני כל

כך שונות ______________. נכון, אני מאוד דומה ______________ (בתמונות אנחנו

באמת נראות ______________ הדבר לפעמים), אבל האופי ______________ שונה

לגמרי. אני חושבת ש______________ בגלל שהיא גדלה פה ______________ גדלתי

בארץ. קשה לדעת!

תרגיל ז

Three of the topics below appear in the text. The fourth does not, although it is very close and may look like it does pertain to the text. Identify the topic that DOES NOT pertain to the text.

שירה פוחדת מסרטן.

מה רות חושבת על חברות הביטוח.

מה הגברים במשפחה חושבים על המחלה של סיגל.

רות ואמא שלה דומות ושונות.

תרגיל ח

Responding to the clue below, formulate a sentence, giving an indication that you understand the situations in which such a sentence is appropriately used.

בדיקות גנטיות _____

_____

_____

חברות הביטוח _____

_____

_____

תרגיל ט

Join the story line—create a character! Write a couple of sentences about the following persons (and draw one of them):

הרופאה של סיגל

_____

_____

_____

מנהל של חברת ביטוח

_____

_____

_____

Unit 18   יחידה יח

Before you start

1. Study the following keywords. There are many more words in the text, but you can figure out most of them based on the context.
Vocabulary flashcards with sound files and memory games for this unit are available in
https://www.quia.com/jg/2071269.html.
All words can be found in the final glossary at the end of this book or online at
http://www.laits.utexas.edu/hebrew/drupal/themes/hebrewgrid/yt/glossary.pdf.

we will take ניקח

tent אוהל

to sleep לישון

(they) worry דואגים

(she is) disappointed מאוכזבת

(she is) excited מתרגשת

if לו

to visit לבקר

(people) arrive מגיעים

she gave up ויתרה

2. Complete the exercise *Unit Yod-Chet: Key Words* in the Humpty Dumpty portal.
3. Complete the exercise *Unit Yod-Chet: Yoni* in the Humpty Dumpty portal.
You are now ready to begin—you will need access to the sound file of the full text as you complete the exercises marked with the headphones icon.

תרגיל א

Fill in the missing words: As you listen to the sound file, identify the missing verbs and fill in the blanks in the text below, following the example.

אני ונטלי החלטנו ________________ בחופש ל״ביג בנד״, ו________________ את צפון מערב טקסס. אנחנו ________________ באוטו שלה, ו________________ איתנו אוהל בשביל ________________. אני ________________ שההורים שלה קצת ________________, גם בגלל הנהיגה הארוכה (בערך עשר שעות מאוסטין) וגם בגלל שהם שמרנים ולא ________________ את הרעיון של הבת שלהם עם בחור בפארק בלילה. אבל הם ________________ בסדר, ואולי גם אנחנו. אמא שלי קצת ________________ שאני חושב על בחורה אחרת ולא על רות, אבל היא לא ________________ שום דבר ואני ________________ שהיא ________________ שהדברים לא ________________ בינינו. היא ________________ מהנסיעה של פול לדרום אמריקה—אני ________________ שהיא ________________ איתו לו ________________.

היא ___________ מאוד שמחה ___________ את המשפחה שלה בברזיל, אבל

כש___________ לגיל מבוגר קשה ___________ עם נסיעות ארוכות

ו___________ לי שהיא ___________ על הרעיון. אין מה ___________—הגיל

___________ את שלו!

תרגיל ב

Fill in the missing words: As you listen to the sound file, identify the missing words, all of them the initial words of a subordinate clause, and fill in the blanks in the text below, following the example.

1. אני חושב שההורים שלה קצת דואגים, גם בגלל הנהיגה הארוכה וגם בגלל ש___________ שמרנים ולא אוהבים את הרעיון של הבת שלהם עם בחור בפארק בלילה.

2. אמא שלי קצת מאוכזבת ש___________ חושב על בחורה אחרת ולא על רות, אבל היא לא אומרת שום דבר ואני חושב ש___________ מבינה ש___________ לא הסתדרו בינינו.

3. היא מתרגשת מהנסיעה של פול לדרום אמריקה—אני חושב ש___________ היתה נוסעת איתו לו יכלה.

4. כשמגיעים לגיל מבוגר קשה להתמודד עם נסיעות ארוכות ונדמה לי ש___________ ויתרה על הרעיון.

תרגיל ג

Identify parallel sentences: In this exercise you are given sentences that mimic sentences from the text. Listen to the sound file, and then identify the sentences in the text for which a parallel sentence is given below, following the example.

אני ונטלי ניסע בקייץ ל"ביג בנד". אני ונטלי החלטנו לנסוע בחופש ל"ביג בנד".

1. אנחנו נישן באוהל. _____

2. ה"ביג בנד" רחוק מאוסטין. _____
_____

3. אמא של יוני רצתה שיוני ורות יהיו זוג, והיא מצטערת שהם לא.
_____
_____

4. יוני חושב שאמא שלו היתה רוצה לנסוע לדרום אמריקה. _____
_____

5. לאנשים מבוגרים לפעמים קשה לנסוע. _____
_____

6. כשמגיעים לגיל מבוגר יש לפעמים בעיות. _____

תרגיל ד

Having listened to the sound file, read the following statements. For each one indicate whether it is correct or incorrect by circling the appropriate sign. In the set there is one (**and only one**) statement which may or may not be correct. We can make an educated guess, but we cannot tell for sure based on the information provided in the sound file—for this statement select the question mark.

יוני ונטלי יסעו לטיול בחופש. ✓ ✗ ?

יוני ונטלי ישנו במלון. ✓ ✗ ?

לנטלי יש אוטו. ✓ ✗ ?

ההורים של נטלי לא אוהבים את יוני. ✓ ✗ ?

אמא של יוני מאוכזבת מהנסיעה של פול. ✓ ✗ ?

אמא של יוני היתה נוסעת לדרום אמריקה לו יכלה. ✓ ✗ ?

יוני חושב שאמא שלו כבר לא תיסע לדרום אמריקה. ✓ ✗ ?

תרגיל ה

In this exercise the statement are given in direct or indirect speech. Direct speech implies a quote (e.g., Yoni: "Ruth has difficulties with her professors."), and indirect speech implies a report (e.g., Yoni says that Ruth has difficulties with her professors.) Using verbs like *say, tell, think*, or *ask*, provide the parallel indirect עקיף or direct ישיר speech version for each of the given sentences, so that each sentence appears in two versions the way it does in the example.

(ישיר) יוני: "אני ונטלי החלטנו לנסוע בחופש ל'ביג בנד'."
(עקיף) יוני מספר שהוא ונטלי החליטו לנסוע בחופש ל"ביג בנד'."

(ישיר 1) יוני: "אנחנו ניסע באוטו של נטלי, וניקח איתנו אוהל בשביל לישון."

(עקיף 1) ____

____

(ישיר 2) ההורים של נטלי: "____

____

____"

(עקיף 2) יוני אומר שהוא חושב שההורים של נטלי קצת דואגים, גם בגלל הנהיגה הארוכה (בערך עשר שעות מאוסטין) וגם בגלל שהם לא אוהבים את הרעיון של הבת שלהם עם בחור בפארק בלילה.

(ישיר 3) אמא של יוני: "____

____"

(עקיף 3) יוני מספר שאמא שלו קצת מאוכזבת שהוא חושב על בחורה אחרת ולא על רות, אבל היא לא אומרת שום דבר.

(ישיר 4) אמא של יוני:
"____
____"

(עקיף 4) יוני חושב שאמא שלו היתה מאוד שמחה לבקר את המשפחה שלה בברזיל לו יכלה.

תרגיל ו

Fill in the missing words: As you listen to the sound file, identify the missing words and fill in the blanks in the text below following the example. The omissions have no particular focus—they are mechanical (every fifth word).

אני ונטלי החלטנו לנסוע בחופש ל"ביג בנד", ולראות את ______________ מערב טקסס. אנחנו
ניסע ______________ שלה, וניקח איתנו אוהל ______________ לישון. אני חושב
שההורים ______________ קצת דואגים, גם בגלל ______________ הארוכה (בערך עשר
שעות מ______________) וגם בגלל שהם שמרנים ו______________ אוהבים את הרעיון של
______________ שלהם עם בחור בפארק ______________. אבל הם יהיו בסדר,
ו______________ גם אנחנו. אמא שלי ______________ מאוכזבת שאני חושב על
______________ אחרת ולא על רות, ______________ היא לא אומרת שום
______________ ואני חושב שהיא מבינה ש______________ לא הסתדרו בינינו. היא
______________ מהנסיעה של פול לדרום ______________—אני חושב שהיא היתה
______________ איתו לו יכלה. היא ______________ מאוד שמחה לבקר את
______________ שלה בברזיל, אבל כשמגיעים ______________ מבוגר קשה להתמודד עם
______________ ארוכות ונדמה לי שהיא ______________ על הרעיון. אין מה
______________—הגיל עושה את שלו!

תרגיל ז

Matching: Match a word or phrase in the right-hand column with its opposite (or very different parallel) in the left-hand column.

צפון	מזרח
שמרנים	שמחה
מערב	לא חשוב לה
מאוכזבת	דרום
מתרגשת	ליברלים
נהיגה	קצרה
ארוכה	הליכה

תרגיל ח

Three of the topics below appear in the text. The fourth does not, although it is very close and may look like it does pertain to the text. Identify the statement that DOES NOT pertain to the text.

הטיול של יוני ונטלי.

מה ההורים של נטלי חושבים על הטיול.

מה אמא של יוני חושבת על הטיול ל"ביג בנד."

מה יוני חושב על אנשים מבוגרים ונסיעות ארוכות.

תרגיל ט

Responding to the clue, write a follow-up sentence, giving an indication that you understand the situations in which such a sentence can be used. Your sentence should relate to your own experience, not to the text of this unit.

הגיל עושה את שלו. _____

_____

_____

תרגיל י

Join the story line—create a character! Write a couple of sentences about the following person:

אמא של נטלי _____

_____

_____

_____

ציירו: אוהל בשביל שני אנשים

Unit 19   יחידה יט

Before you start

1. Study the following keywords. There are many more words in the text, but you can figure out most of them based on the context.
Vocabulary flashcards with sound files and memory games for this unit are available in
https://www.quia.com/jg/2071290.html.
All words can be found in the final glossary at the end of this book or online at
http://www.laits.utexas.edu/hebrew/drupal/themes/hebrewgrid/yt/glossary.pdf.

לבשל to cook

נרשם (he) registered, enrolled

מצחיק funny

מטבח kitchen

גברים men

משבר crisis

מכונית מירוץ sports car

טענות arguments, qualms

במיוחד especially

לנקות to clean

2. Complete the exercise *Unit Yod-Tet: Key Words* in the Humpty Dumpty portal.
3. Complete the exercise *Unit Yod-Tet: Ruth* in the Humpty Dumpty portal.
You are now ready to begin—you will need access to the sound file of the full text as you complete the exercises marked with the headphones icon.

תרגיל א

Fill in the missing words: As you listen to the sound file, identify the missing verbs and fill in the blanks in the text below, following the example.

אבא שלי החליט פתאום שהוא ______________ ______________ ______________.

הוא ______________ לקורס באקדמיה הקולינרית באוסטין, ו______________ לי שהוא

מרוצה מאוד. זה קצת מצחיק ______________ אותו במטבח, אבל באמת תמיד

______________ לו עניין באוכל, והוא ______________ לא רע בכלל. חוץ מזה, אני

______________ שגברים הרבה פעמים ______________ איזה משבר כשהם

______________ לגיל ארבעים—אבא שלי בן ארבעים וחמש, די ______________ עם

עצמו, ולא ______________ מכונית מירוץ אדומה או ______________ את אשתו

ו______________ ______________ בחורות בגילי, כמו ש______________ כמה

מהחברים שלו. אין לי טענות, ואני חושבת שגם אמא שלי מרוצה מהשינויים במטבח. היא לא

______________ במיוחד ______________, ואם הוא ______________ את הארוחות

הגדולות זה לא רע בכלל. אני אשמח אם _____ לי בן זוג ש_____
_____ (ו_____!).

תרגיל ב

Identify parallel sentences: In this exercise you are given sentences that mimic sentences from the text. Listen to the sound file, and then identify the sentences in the text for which a parallel sentence is given below, following the example.

לאבא שלי יש חשק ללמוד לבשל. אבא שלי החליט פתאום שהוא רוצה ללמוד לבשל.

1. אבא שלי יהיה סטודנט באקדמיה הקולינרית באוסטין. _____
_____

2. אני חושבת שהוא מרוצה. _____
_____

3. אוכל תמיד עניין את אבא שלי. _____
_____

4. אבא שלי בדרך כלל מרגיש בסדר. _____

5. אני מרגישה בסדר [עם מה שקורה בבית]. _____

6. אני רוצה לחיות עם מישהו שמשתתף בעבודות הבית. _____
_____

תרגיל ג

Having listened to the sound file, read the following statements. For each one indicate whether it is correct or incorrect by circling the appropriate sign. In the set there is one (**and only one**) statement which may or may not be correct. We can make an educated guess, but we cannot tell for sure based on the information provided in the sound file—for this statement select the question mark.

אבא של רות לומד לבשל. ✓ ✗ ?

אמא של רות לא כל כך אוהבת לבשל. ✓ ✗ ?

רות לא אוהבת לבשל. ✓ ✗ ?

אבא של רות עבר משבר בגיל ארבעים. ✓ ✗ ?

כמה חברים של האבא של רות עזבו את המשפחות שלהם. ✓ ✗ ?

רות רוצה בן זוג שישמח להיות במטבח. ✓ ✗ ?

תרגיל ד

In this exercise the statement are given in direct or indirect speech. Direct speech implies a quote (e.g., Yoni: "Ruth has difficulties with her professors."), and indirect speech implies a report (e.g., Yoni says that Ruth has difficulties with her professors.) Using verbs like *say, tell, think*, or *ask*, provide the parallel indirect עקיף or direct ישיר speech version for each of the given sentences, so that each sentence appears in two versions the way it does in the example.

(ישיר) רות : "אבא שלי החליט פתאום שהוא רוצה ללמוד לבשל."

(עקיף) רות מספרת שאבא שלה החליט פתאום שהוא רוצה ללמוד לבשל.

(ישיר 1) רות : "_____"

(עקיף 1) נראה לרות שאבא שלה מרוצה מאוד.

(ישיר 2) אבא של רות: "_____"
"_____"

(עקיף 2) רות מספרת שתמיד היה לאבא שלה עניין באוכל, ושהוא מבשל לא רע בכלל.

(ישיר 3) אמא של רות : "_____

"_____

(עקיף 3) רות מספרת שאמא שלה לא אוהבת במיוחד לבשל, ואם האבא שלה מבשל את הארוחות הגדולות זה לא רע בכלל.

(ישיר 4) רות : "אני אשמח אם יהיה לי בן זוג שאוהב לבשל (ולנקות!)."

(עקיף 4) _____

_____

תרגיל ה 🎧

Fill in the missing words: As you listen to the sound file, identify the missing words and fill in the blanks in the text below following the example. The omissions have no particular focus—they are mechanical (every fifth word).

אבא שלי **החליט** פתאום שהוא רוצה ללמוד _____. הוא נרשם לקורס באקדמיה _____ באוסטין, ונראה לי שהוא _____ מאוד. זה קצת מצחיק _____ אותו במטבח, אבל באמת היה לו עניין באוכל, _____ מבשל לא רע בכלל. _____ מזה, אני יודעת שגברים _____ פעמים עוברים איזה משבר _____ מגיעים לגיל ארבעים—אבא _____ בן ארבעים וחמש, די _____ עם עצמו, ולא קנה _____ מירוץ אדומה או עזב _____ אשתו והלך לחפש בחורות _____, כמו שעשו כמה מהחברים _____. אין לי טענות, ואני _____ שגם אמא שלי מרוצה מה_____ במטבח. היא לא אוהבת _____ לבשל, ואם הוא מבשל _____ הארוחות הגדולות זה לא _____ בכלל. אני אשמח אם _____ לי בן זוג שאוהב _____ (ולנקות!).

תרגיל ו

Three of the topics below appear in the text. The fourth does not, although it is very close and may look like it does pertain to the text. Identify the topic that DOES NOT pertain to the text.

שינויים במטבח.

אבא של רות אוהב בחורות צעירות.

אמא של רות לא אוהבת לבשל.

רות חושבת על בן זוג.

תרגיל ז

Write a follow-up sentence, giving an indication that you understand the situations in which such a sentence is appropriately used.

אין לי טענות: _____
_____
_____

תרגיל ח

Join the story line—create a character! Write a couple of sentences about one of the following persons:

מורה באקדמיה הקולינרית _____
_____

סטודנט באקדמיה הקולינרית _____
_____

ציירו: מכוניות מירוץ

Unit 20 יחידה כ

Before you start

1. Study the following keywords. There are many more words in the text, but you can figure out most of them based on the context.
Vocabulary flashcards with sound files and memory games for this unit are available in https://www.quia.com/jg/2071294.html.
All words can be found in the final glossary at the end of this book or online at http://www.laits.utexas.edu/hebrew/drupal/themes/hebrewgrid/yt/glossary.pdf.

violence אלימות

criticism ביקורת

to plan לתכנן

(we) succeed מצליחים

messages מסרים

להגן to defend

עקרונות principles

תומכים (they) support

להסביר to explain

למרות ש... even though...

2. Complete the exercise *Unit Kaf: Key Words* in the Humpty Dumpty portal.
3. Complete the exercise *Unit Kaf: Yoni* in the Humpty Dumpty portal.
You are now ready to begin—you will need access to the sound file of the full text as you complete the exercises marked with the headphones icon.

תרגיל א

Fill in the missing words: As you listen to the sound file, identify the missing verbs and fill in the blanks in the text below, following the example.

בזמן האחרון יש ב"דיילי טקסן" כתבות על המצב במזרח התיכון והאלימות בין ישראלים לפלשתינאים. בדרך כלל יש ביקורת קשה על ישראל, וקשה לסטודנטים בהילל ובאירגונים האחרים להתמודד עם זה. אנחנו _____ _____ על המצב ו_____ איסטרטגיות, אבל רוב הזמן אנחנו _____ דפנסיביים ולא _____ _____ מסרים חיוביים. אחת הבעיות היא שהרבה מהסטודנטים בקבוצות שלנו לא תמיד _____ עם מה שישראל _____, וקשה להם _____ על העמדות הבסיסיות שלהם גם אם הם _____ בעקרונות של התנועה הציונית ו_____ בישראל, כמוני. בעייה אחרת היא שישראל לא כל כך _____ _____ את המצב באופן אפקטיבי ו_____ עובדות על מה שקורה. לפחות בעניינים האלה אני ורות _____—למרות שהיא בשמאל הפוליטי ואני בימין, הדעות שלנו על ישראל דומות.

תרגיל ב

Fill in the missing words: As you listen to the sound file, identify the missing words, all of them adjectives or adverbs. Fill in the blanks in the text below, following the example.

בזמן ה<u>אחרון</u> יש ב"דיילי טקסן" כתבות על המצב במזרח התיכון.

1. _____ _____ יש ביקורת _____ על ישראל,

ו_____ לסטודנטים בהילל ובאירגונים ה_____ להתמודד עם זה.

2. רוב הזמן הסטודנטים נשמעים _____ ולא מצליחים להעביר מסרים _____.

3. אחת הבעיות היא ש_____ מהסטודנטים בקבוצות שלנו לא _____ מסכימים עם מה שישראל עושה, ו_____ להם להגן על העמדות ה_____ שלהם.

4. בעייה _____ היא שישראל לא _____ _____ מצליחה להסביר את המצב באופן _____ ולפרסם עובדות על מה שקורה.

5. למרות שרות בשמאל ה_____ ויוני בימין, הדעות שלהם על ישראל _____.

תרגיל ג

Identify parallel sentences: In this exercise you are given sentences that mimic sentences from the text. Listen to the sound file, and then identify the sentences in the text for which a parallel sentence is given below, following the example.

ה"דיילי טקסן" כותב על המצב במזרח התיכון. יש ב"דיילי טקסן" כתבות על המצב במזרח התיכון.

1. הכתבות בעיתון מבקרות את ישראל.
_____
_____

2. הסטודנטים לא נשמעים מספיק חזקים.
_____
_____

3. סטודנטים לפעמים חושבים שמה שישראל עושה הוא לא נכון.
_____
_____

4. ליוני ורות יש דעות פוליטיות שונות. _____
_____

תרגיל ד

Having listened to the sound file, read the following statements. For each one indicate whether it is correct or incorrect by circling the appropriate sign. In the set there is one (**and only one**) statement which may or may not be correct. We can make an educated guess, but we cannot tell for sure based on the information provided in the sound file—for this statement select the question mark.

ה"דיילי טקסן" כותב על האלימות במזרח התיכון.   ✓   ✗   ?

הסטודנטים באירגונים היהודיים מסתדרים עם מה שקורה בדיילי טקסן.   ✓   ✗   ?

הרבה פעמים הסטודנטים אומרים דברים שנשמעים דפנסיביים.   ✓   ✗   ?

יוני חושב שסטודנטים שמאמינים בעקרונות של התנועה הציונית תמיד מסכימים עם ישראל.
✓   ✗   ?

הסטודנטים של הילל כותבים בדיילי טקסן.   ✓   ✗   ?

רות ויוני תומכים בישראל.   ✓   ✗   ?

תרגיל ה

Fill in the missing words: As you listen to the sound file, identify the missing words and fill in the blanks in the text below following the example. The omissions have no particular focus—they are mechanical (every fifth word).

בזמן האחרון יש ב"דיילי טקסן" _____ על המצב במזרח התיכון וה_____ בין ישראלים לפלשתינאים. בדרך _____ יש ביקורת קשה על _____, וקשה לסטודנטים בהילל ובאירגונים ה_____ להתמודד עם זה. אנחנו _____ לדבר על המצב ולתכנן איסטרטגיות, _____ רוב הזמן אנחנו נשמעים _____ ולא מצליחים להעביר מסרים _____. אחת הבעיות היא שהרבה _____ בקבוצות שלנו לא תמיד _____ עם מה שישראל עושה, ו_____ להם להגן על העמדות ה_____ שלהם גם אם הם _____ בעקרונות של התנועה הציונית ו_____ בישראל, כמוני. בעיה אחרת _____ שישראל לא כל כך _____ להסביר את המצב באופן _____ ולפרסם עובדות על מה _____. לפחות בעניינים האלה אני ו_____ מסכימים—למרות שהיא בשמאל ה_____ ואני בימין, הדעות שלנו _____ ישראל דומות.

תרגיל ו

Matching: Match a word or phrase in the right-hand column with its opposite (or a very different parallel) in the left-hand column.

אלימות	דומות
בזמן האחרון	לפעמים
קשה	להבין
רוב הזמן	שלום
להסביר	לפני שנולדתי
אפקטיבי	קל
שונות	לא מספיק טוב

תרגיל ז

Three of the topics below appear in the text. The fourth does not, although it is very close and may look like it does pertain to the text. Identify the topic that DOES NOT pertain to the text.

כתבות ב"דיילי טקסן".

הסטודנטים באירגונים היהודיים וישראל.

העמדה של יוני בנושא הפלשתינאים.

בעיות הסברה שיש לישראל.

תרגיל ח

Responding to the clue and completing the phrase below to form a full sentence, give an indication that you understand the situations in which such a phrase can be used. Your sentence should relate to your own experience, not to the text of this unit.

למרות ש..._____

_____

_____

_____

תרגיל ט

Join the story line—create a character! Write a couple of sentences about the following person:

כתב של ה"דיילי טקסן" _____

_____

_____

_____

ציירו: סטודנטים בהילל יושבים ומדברים

(photos courtesy of Texas Hillel)

Glossary

(A somewhat unusual one)

This glossary organizes in alphabetical order the words, both keywords and others, that appear in the different listening units. In addition, it includes a couple of words that pertain to the structure of the units or instructions for the exercises (e.g., יחידה *unit;* ציירו *draw*). It is very different from a Hebrew dictionary or glossary in that it does not supply grammatical information or multiple meanings of words, with few exceptions for the sake of clarity that are primarily driven by the English equivalents of Hebrew words (e.g., the word "shop", which in English could be either a noun or a verb and thus corresponds to two very different Hebrew words). It also allows words to appear in the singular or plural, in any tense, and with some prepositions, or, in other words, the way they appear in the recorded text. All occurrences of a word are grouped together, and the number of repetitions in the entire set appears in parentheses—a large number of occurrences indicates, then, words that would be good to memorize early (e.g., the word לא *no/not*, which appears 80 times in the set!).

One exception to the "exactly the way they appear" has to do with prefixes. Since all occurrences of a word are grouped together, certain prefixes have been removed in order to avoid multiple entries for the same word. Specifically, I have removed the following prefixes:

ב... *in, at* (also *in the, at the*)

ה... *the*

כש... *when* (also כשה..., *when the*)

ל... *to, for* (also *to the, for the*)

מ... *from, than, since* (also מה..., *from the, than the, since the*)

The prefixes were left with the word in certain crystallized forms (e.g., infinitives like ללמוד *to study* or expressions like בדרך כלל *usually*).

The use of the glossary assumes a solid grasp of sound-letter correspondences. If you can identify correctly the first two or three letters of a word that you hear, and know the alphabetical order of Hebrew consonants, you are ready to work with this tool.

א

אבא (11) Father

אביב Spring

אבל (38) But

אדבר I will speak

אדומה Red

אהבו They liked/loved

אהבתי (3) I liked/loved

אהרון Aaron

או (5) Or

אוהב (5) Like/love (masculine singular)

אוהבים (3) Like/love (masculine plural)

אוהבת (10) Like/love (feminine singular)

אוהל Tent

אווירה Atmosphere

אוטו Car, automotive

אוטובוס Bus

אוכל (3) Food

אולי (11) Maybe, perhaps

אולפן (3) Ulpan, intensive Hebrew language school

אומר Say (masculine singular)

אומרים Say (masculine plural)

אומרת (2) Say (feminine singular)

אוניברסיטה (7) University

אוניברסיטת ... The university of...

אוסטין Austin

אופי (2) Nature (of a person), character

אופן Manner

אופרה Opera

אורי Ori, a Hebrew name

אותו (3) Him

אותו הדבר The same thing

אותי (5) Me

אותך You

אותם (2) Them

אותנו Us

אז (3) So, then

אח (4) Brother

אחות (3) Sister

אחיות (2) Sisters

אחר Other, different (masculine singular)

אחראיים Responsible (masculine plural)

אחראית Responsible (feminine singular)

אחרון (4) Last

אחריו After him

אחרים (2) Other, different (masculine plural)

אחרת (2) Other, different (feminine singular)

אחת (3) One

איזה (2) Which? What? Some… (as in "some girl that he met")

איך How?

אימייל email

אין (8) There is no…

אינטל Intel

אינטרנט Internet

איסטרטגיות Strategies

אירגונים Organizations

אישה Woman, wife

איתו (2) With him

איתי With me

איתן Ethan

איתנו With us

אלה (2) These, those

אלון Alon, a Hebrew name

אליה To her

אלימות Violence

אלכוהול Alcohol

אלף A thousand

אלפים Thousands

אם (9) If

אמ איי MA

אמא (19) Mother

אמהרית Amharic

אמצע Middle

אמרה She said

אמריקה (5) America

אמת (13) Truth

אנגלית English

אנחנו (16) We

אני (97) I

אנשים (6) People

אנתרופולוגיה (2) Anthropology

אסע I will travel

אסף Asaf, a Hebrew name

אפילו (2) Even (as in even so)

אפקטיבי Effective

אפשר Possible

אפשרות Possibility

אצל At, with (as in at someone's place)

אצלנו (2) With us, at our place

אקדמיה Academia

ארבעה Four

ארבעים (2) Forty

ארוחות Meals

ארוך (2) Long (masculine singular)

ארוכה Long (feminine singular)

ארוכות Long (feminine plural)

ארץ (7) Country, land

אשמח I will be glad

אשתו His wife

את (35) (particle denoting a direct object, no meaning)

אתה (2) You (masculine singular)

אתיופיה Ethiopia

אתמול (2) Yesterday

ב

...ב In, at, by the means of/in the, at the (prefix)

באה (3) She came, coming, next (as in next year)

באים (2) They come

באמת (13) Truly

באתי (3) I came

בגדים Clothes

בגלל (7) Because

בדיקות (2) Tests (as in medical tests)

בדקתי I checked (as in I checked their homework)

בדרך כלל (8) Usually, generally

בו In him, in it

בודק Checking (as in checking homework)

בזמן (7) On time

בחור Young man, guy

בחורה (5) Young woman, girl

בחורות (3) Young women, girls

בי איי (2) BA

ביג בנד Big Bend (park in west Texas)

ביולוגיה Biology

ביחד Together

ביטוח Insurance

בית (4) House, home

בין Between

בינינו (2) Between us

ביקורת Criticism

בית-הכנסת The synagogue

בית-ספר School (elementary or secondary)

בכלל At all (3)

בלונדינית Blond

במיוחד Especially (2)

במקום Instead of...

בן Of age (as in x years old) (5)

בן זוג Partner (masculine)

בנים Sons

בנק Bank

בסדר OK, all right, in order (4)

בסיס Base

בסיסיות Basic

בעיה Problem

בעיות Problems (5)

בעיקר Mainly

בעל Husband (3)

בערך Approximately

בקושי Hardly

בקרוב Soon

ברוקלין Brooklyn

ברזיל Brazil

בריאות Health

ברצינות Seriously

בשביל (6) For, in order (to)

בשבילה For her

בשבילו For him

בשבילי (5) For me

בשבילך For you

בשבילם For them

בשבילנו For us

בת (3) daughter

בת-ים Bat-Yam (city in Israel)

ג

גב Back (as in a persons back)

גברים Men

גדול (3) Large, big (masculine singular)

גדולות Large, big (feminine plural)

גדלה She grew up

גדלתי I grew up

ג'וני Joni

ג'ונתן Jonathan

Tumor גידול

Age (4) גיל

My age גילי

Also, too (29) גם

Genetic גנטיות

Genetics גנטיקה

Live (as in dwell, masculine singular) (2) גר

Live (as in dwell, feminine singular) (3) גרה

Live (as in dwell, feminine plural) גרות

Live (as in dwell, masculine plural) (2) גרים

Graphics (2) גרפיקה

I lived (as in dwelled) גרתי

ד

Dallas דאלאס

Deborah דבורה

Thing, matter (5) דבר

Things, matters (3) דברים

Worry (masculine plural, as in they worry) דואגים

Uncle (2) דוד

Aunt (2) דודה

Uncles דודים

David דוויד

They push (feminine) דוחפות

Dollar (3) דולר

Resembles, looks alike (singular) דומה

Resemble, look alike (feminine plural) דומות

Doctorate דוקטורט

Enough, sufficient, sufficiently (5) די

They spoke דיברו

I spoke דיברתי

The Daily Texan, UT Austin's student newspaper דיילי טקסן

Depression דיכאון

Dina דינה

Apartment דירה

Opinions דעות

Defensive דפנסיביים

South America (3) דרום אמריקה

Religion (2) דת

ה

The (prefix)...ה

The coming (as in the coming year, next year) (2) הבאה

He (40) הוא

They go הולכים

Go (feminine singular) הולכת

Teaching (2) הוראה

Parents (3) הורים

He invited הזמין

Decisions החלטות

We decided החלטנו

He decided (2) החליט

She decided החליטה

She (59) היא

He was, it was, there was (11) היה

Today (2) היום

I was (2) הייתי

Hillel, Jewish students' organization הילל

History (2) היסטוריה

Hypochondriac היפוכונדרית

She was, it was, there was (5) היתה

Everything הכל

Loans הלוואות

He went (2) הלך

She went הלכה

I went הלכתי

They (masculine) (19) הם

Numerous, many, a lot (2) המון

The Middle East (2) המזרח התיכון

They (feminine) (2) הן

Worked out well, turned out הסתדרו

I stopped הפסקתי

Radiation therapy הקרנות

A lot, many (4) הרבה

She felt הרגישה

Herzeliah, a city in Israel הרצלייה

He changed השתנה

I began התחלתי

He got married התחתן

They got married התחתנו

Behavior התנהגות

ו

She gave up ויתרה

ז

This, that (feminine) (3) זאת

This, that (masculine) (43) זה

זוג (2) Couple

זוכר Remember (masculine singular)

זוכרת (2) Remember (feminine singular)

זמן (15) Time

ח

חבל! A pity!

חבר Friend, boyfriend

חברה Friend, girlfriend

חברה Society

חברות הביטוח Insurance companies

חברים (6) Friends

חג Holiday

חדש New (singular)

חדשים New (plural)

חוג Department, program (as in academic department)

חודשיים Two months

חוזרת She returns

חולה (2) Sick

חופש (3) Holiday, vacation, break

חופשת החורף Winter break

חוץ מזה (3) Besides, ...

חורף (2) Winter

חושב (18) Think (masculine singular)

חושבים Think (masculine plural)

חושבת (18) Think (feminine singular)

חזרה She returned

חיה She lives

חיוביים Positive

חייב Owe

חייל Soldier (masculine)

חיילת Soldier (feminine)

חיים (2) Life

חיית מחמד Pet

חלק Part (as in a part of a whole)

חם (3) Hot

חמישה (3) Five (masculine)

חמישים Fifty

חמש Five (feminine)

חמשת אלפים Five thousand

חנויות (3) Stores (for shopping)

חשב He thought

חשבה She thought

חשבנו We thought

חשוב (3) Important (masculine singular)

חשובים (2) Important (masculine plural)

חשמלאי Electrician

חשק Desire

חתונה Wedding

ט

טוב (17) Good (masculine singular)

טובה (4) Good (feminine singular)

טובות Good (feminine plural)

טובים (2) Good (masculine plural)

טום Tom

טוסטוס Scooter

טיול Trip

טיפולים Treatments

טכני Technical

טכניון Technion (academic institution in Haifa)

טענות Arguments, qualms

טפשי Stupid

טקסס Texas

י

יבין He will understand

יבינו They will understand

ידיים Hands

יהודה Judah

יהודייה Jewish

יהיה (4) He will be, it will be, there will be

יהיו (3) They will be, there will be

יודע (5) Know (masculine singular)

יודעים Know (masculine plural)

יודעת (7) Know (feminine singular)

יום (3) Day

יוני Yoni, a Hebrew nickname

יונתן Jonathan

יוסטון Houston

יוסף Joseph

יועצת Advisor

יוצאים Go out

יותר (6) More

יחד Together

יחידה (20) Unit

יחסים Relations, relationships

יכול (4) Is able, can (masculine singular)

יכולה (2) Is able, can (feminine singular)

יכולים Are able, can (masculine)

יכלה (2) She could

ילדים (2) Children

ימים (2) Days

ימין Right (as in right side, political right)

יעבור It will pass

יעזור He will help, it will help

יפה Pretty, beautiful

יצאנו We went out

יש (22) There is

יש ל... ל... יש (12) There is to X=X has...

יש לפול חשק Paul feels like (doing something)

ישבתי I sat

ישראל Israel

ישראלי Israeli (masculine singular)

ישראלים Israeli (masculine plural)

כ

כבר (4) Already, yet

כדאי It is worth (as in it is worth doing something)

כדי In order (to)

כולם (2) Everyone, everybody

כחולות Blue (color, plural)

כי (5) Because

כימותראפיה Chemotherapy

כיתה Class, classroom

כל (7) All, every

כל כך (7) So (as in so much)

כלכליות Economic, financial

כמה (6) Some

כמו (7) Like, as

כמובן Of course

כמוה Like her

כמוני Like me

כמעט Almost

כן (2) Yes

כנסייה Church

כסף (2) Money

כש... (8) When, at the time that (prefix)

כשה... (2) When the, at the time that the (prefix)

כתבה She wrote

כתבות Articles

ל

ל... to, for (prefix)

לא (80) No

לאה Lea

לאכול To eat

לאן Where to?

לבוא (2) To come

לבלות To spend time, have a good time

לבקר (2) To visit

לבשל (3) To cook

לגמרי Completely, entirely

לדאוג To worry

לדבר (7) To speak

לדעת (2) To know

לה (15) To her, for her

להגיד (2) To say

להגן To defend

להחליט To decide

להיות (5) To be

להישאר (2) To stay

להם (2) To them, for them

להסביר To explain

להעביר To transmit

להראות (2) To show

להתחתן To get married

להתייצב To become stable

להתכונן To prepare oneself

להתמודד (4) To handle, to deal with

להתנהג To behave

להתרגל To get used to something

לו (6) To him, for him

לו If (as in "if I could", "had I been able to")

לומד Study (masculine singular)

לומדת Study (feminine singular)

לח Humid

לחיות To live

לחסוך To save (as in saving money)

לחפש To seek

לחשוב To think

לי (17) To me

לילה Night

לילך Lilac, a Hebrew name

לימודים (6) Studies

לישון To sleep

ללכת (4) To go

ללמוד (4) To study

למד He studied

למדה She studied

למדתי (4) I studied

למה (2) Why?

למרות ש Even though...

לנסוע (7) To travel

לנקות To clean

לעבוד (3) To work

לעזור To help

לעלות To cost

לעשות (11) To make, to do

לפחוד To be afraid

לפחות At least

לפני (2) Before

לפעמים (7) Sometimes

לפרסם To publish

לצייר To draw, to paint

לצלצל To call (as in telephoning)

לקבל (2) To receive

לקחת To take

לקחתי I took

לקרוא To read

לראות (6) To see

לשמוע To hear, listen

לתכנן To plan

מ

מ... From, since (as in span of time), than (prefix)

מאוד (15) Very much

מאוחר Late

מאוכזבת Disappointed

מאז Since then

מאחר Being late

מאמין Believe (masculine singular)

מאמינים Believe (masculine plural)

מאמן Coach

מבוגר Old, adult

מבוגרים Adults

מבחנים Exams

מבין Understand (masculine singular)

מבינה (2) Understand (feminine singular)

מבינים Understand (masculine plural)

מבשל (2) Cook (as in he cooks)

מגיעים (2) They arrive

מגעיל Disgusting

מדבר (2) Speak (masculine singular)

מדברות Speak (feminine plural)

מדברים Speak (masculine plural)

מדברת Speak (feminine singular)

מדוכאת Depressed (feminine singular)

מדי (2) Too much, more than necessary

מה (20) What?

מה... From the, than the (prefix)

מהנדס (3) Engineer

מודרנית Modern

מוזיקה (2) Music

מוזיקולוגיה Musicology

מוצלח Successful

מורה Teacher

מזדקן Getting old

מזרח (3) East

מחלה Illness

מחלות (2) Illnesses

מחלקה Department (as in academic unit)

Kitchen (2) מטבח

Who? (3) מי

Special (2) מיוחד

Michael מיכאל

Million מיליון

Race מירוץ

Someone (masculine) מישהו

Someone (feminine) מישהי

Sports car מכונית מירוץ

(she is) familiar with מכירה

College מכללה

Teach (masculine singular) מלמד

Teach (feminine singular) (2) מלמדת

From me, than me ממני

Really (as in “really nice”) ממש

Advisor, supervisor מנחה

Trying מנסה

Exploit מנצלות

Around מסביב

Tradition מסורת

Traditional מסורתי

Agree (feminine singular) מסכימה

Agree (masculine plural) (2) מסכימים

Restaurant מסעדה

Enough (4) מספיק

Tell (masculine singular) מספר

Tell (feminine singular) מספרת

Messages מסרים

Getting along well (masculine singular) (2) מסתדר

Getting along well (feminine plural) מסתדרות

Getting along well, going well (masculine plural) מסתדרים

Dorms מעונות

Interesting (feminine singular) מעניינת

Annoying (masculine singular) מעצבן

West מערב

System מערכת

Smoke (masculine plural, as in smoking a cigarette) מעשנים

Smoke (feminine singular, as in smoking a cigarette) מעשנת

Scary מפחיד

They found, they discovered מצאו

Situation (7) מצב

Mood (as in bad mood) מצב רוח

Excellent מצויין

Matzo bread מצות

Funny מצחיק

Reality (2) מציאות

Succeed (feminine singular) מצליחה

Succeed (masculine plural) מצליחים

Egypt מצריים

Receive, get (masculine singular) מקבל

Hope (verb) (3) מקווה

Place, room (5) מקום

Jealous (feminine singular) מקנאה

Profession מקצוע

Cut (as in cutting a budget) מקצצים

Biblical מקראית

Case (as in a case of cancer) מקרה

Feel (masculine singular) (3) מרגיש

Satisfied, happy with results (singular) (2) מרוצה

Satisfied, happy with results (masculine plural) מרוצים

Lecturer מרצה

Lecturers מרצים

Crisis משבר

Moses משה

Something (4) משהו

Strange (masculine singular) משונה

Strange (masculine plural) משונים

Pay (masculine singular) משלם

Family (10) משפחה

Positions (as in work positions) משרות

Suitable, proper מתאים

Miss, long for (masculine plural) מתגעגעים

Complain (masculine plural) מתלוננים

Volunteer (masculine singular) מתנדב

Get annoyed (masculine singular) מתעצבן

Get excited (feminine singular) מתרגשת

נ

It seems to me נדמה לי

Wonderful (feminine singular) נהדרת

Driving (noun) נהיגה

He was killed נהרג

Well (exclamation, as in "well, what can we do?") נו

Ride, drive (feminine singular) נוהגת

Comfortable (2) נוח

She was born נולדה

Travel (masculine singular) נוסע

Travel (masculine plural) נוסעים

Travel (feminine singular) נוסעת

Neurotic (feminine plural) נורוטיות

Natalie נטלי

New York ניו-יורק

I tried ניסיתי

We will travel ניסע

We will take ניקח

Marriage נישואים

Correct, right (masculine singular) (2) נכון

Correct, right (feminine plural) נכונות

Got into his head נכנס לו לראש

... is sick and tired of (3) נמאס ל...

Trip נסיעה

Trips נסיעות

He travelled נסע

They travelled נסעו

I travelled (2) נסעתי

Pleasant (masculine plural) נעימים

Meet (masculine plural) (3) נפגשים

We will come out of... נצא מ...

It seems to someone (as in someone thinks that) (3) נראה ל...

Look (as in we look alike) נראות

He registered (as in registered for a course), enrolled נרשם

Married (masculine singular) נשוי

Women נשים

Sound (as in we sound defensive) נשמעים

Netania, a city in Israel נתניה

ס

Sao Paolo (a city in Brazil) סאן פאולו

Around סביב

Environment סביבה

Grandparents סבים

Patience סבלנות

Grandmother סבתא

Order, also the Passover meal (7) סדר

Stand (feminine singular, as in "I cannot stand him") סובלת

Student (masculine) (2) סטודנט

Students (masculine) (7) סטודנטים

Student (feminine) (2) סטודנטית

Reason (as in the reason for something) סיבה

Sigal, a Hebrew name סיגל

Sylvania סילבניה

Semester (3) סמסטר

סקייפ Skype

סרטן (6) Cancer

סרטני Cancerous

סתיו Fall (season)

סתם Just so, for no particular reason

ע

עבדתי (2) I worked

עבודה (2) Work (noun)

עבודות בּיית (2) Assignments, homework (plural)

עברו They moved

עברי Hebrew (adjective)

עברית (4) Hebrew

עד Until

עובד (5) Work (masculine singular)

עובדות Work (feminine plural)

עובדים Work (masculine plural)

עובדת (3) Work (feminine singular)

עוברים They go through (as they go through a crisis)

עוד (5) More, yet (as in not yet)

עוזר Help (masculine singular)

עוזרי הוראה Teaching assistants

עולים Immigrants (to Israel)

עולם (2) World

עונה Respond, answer (masculine singular)

עופר Ofer, a Hebrew name

עושה (5) Do, make (masculine singular)

עושה את שלו Does what it does

עזב He left

עזרתי I helped

עיניים Eyes

עיקר Main point

עיר (2) City

עישנתי I smoked (as in smoking a cigarette)

עיתונים Newspapers

עכשיו (8) Now

על (24) On, about

עליה (2) About her

עם (32) With

עמדות Positions (as in ideological positions)

עניין (3) Matter, interest

עניינים (2) Matters

עסוק Busy (masculine singular)

עצמה Herself

עצמו Himself

עצמי (2) Myself

עצמן Themselves (feminine)

עקרונות Principles

ערב (2) Evening

ערבית Arabic

ערך Value

עשו They did, they made

עשר Ten

עשרים Twenty

עשתה She did, she made

עתיד Future

פ

פאוליטו Paolito, nickname for Paolo

פארק Park (as in Central Park)

פגש (2) He met

פגשה She met

פגשתי (2) I met

פה (2) Here

פוחדת Scared (feminine singular)

פוטבול Football

פול Paul

פוליטי Political

פוליטיקה Politics

פחד Fear (as in a fear of being sick)

פחדה She was scared

פחדים Fears (as in fears of the what might happen)

פיזיקה (2) Physics

פיטרו They laid off, they fired

פייסבוק Facebook

פלורידה Florida

פלשתינאים Palestinians

פסח Passover

פסיכולוגיה (2) Psychology

פעם (3) Once, one instance

פעמיים (2) Twice

פעמים (2) Times, instances (as in many times)

פפיטו Pepito, a nickname

פרוגנוזה Prognosis

פרופסור Professor

פרופסורים (2) Professors

פשוט Simple

פתאום (3) Suddenly

צ

צבא (2) Army, military

צורה Manner

ציונים Grades

ציונית Zionist (as in the Zionist movement)

ציירו (11) Draw

צילצל He called (as in making a phone call)

צפון North

צריך (8) Need (masculine singular, as in I need)

צריכה (8) Need (feminine singular, as in I need)

צריכים (3) Need (masculine plural, as in they need)

ק

קבוצות Groups

קבוצת הפוטבול Football team

קולינרית Culinary

קונסרבטיבית Conservative

קוראים ל... (5) They call... (as in calling by name)

קוראת (2) Call (feminine singular, as in she calls him Paulito)

קורה (3) It happens

קורס Course (as in academic course)

קורסים (2) Courses (as in academic courses)

קושי Difficulty

קטן Little, small

קייץ (7) Summer

קל Easy, simple (masculine singular)

קלים Easy, simple (masculine plural)

קמפוס (5) Campus

קנה (2) He bought

קעקוע Tattoo

קפה Coffee

קצת (15) A little bit

קר Cold

קראתי I read

קרה It happened

קרוב Nearby, close (masculine)

קרובה Nearby, close (feminine)

קשה (9) Hard, difficult

קשור Connected, tied (singular)

קשורים Connected, tied (plural)

קשות Hard, difficult (feminine plural)

קשר (2) Contact

ר

ראש Head

ראשון (2) First

רבקה Rebecca

רגיל Used to (as in "he is already used to this")

רוב Majority

רודפות Chase (feminine plural, as in "they chase after him")

רוח Spirit

רומנטי Romantic

רוצה (2) Want, wish (singular)

רוצים Want, wish (masculine plural)

רות Ruth

רותי Ruthie

רזה Thin

רחוק Far away

רחל Rachel

רע (2) Bad (masculine singular)

רעה Bad (feminine singular)

רעיון (4) Idea

רעש Noise

רצינות Seriousness

רציניים Serious (masculine plural)

רק (3) Only

ש

ש... That, which, who, whom (prefix)

שאול Saul

שאלה Question (as in "I have a question")

שאלות Questions (as in "I have questions")

שאלתי I asked

שבוע (5) Week

שבע Seven

שבת Saturday

שד Breast (as in a woman's breast)

שה... That the…which the… who the… whom the…

שואלים Ask (masculine plural)

שואלת Ask (feminine singular)

שום דבר (2) Nothing

שונה (3) Different, other

שונות Different (feminine plural)

שונים (2) Different (masculine plural)

שושנה Shoshana, a Hebrew name

שותה (2) Drink (singular)

שינויים Changes (as in changes in a routine)

שיעורים (4) Classes, lessons

שירה Shira

שירים Songs

של (28) Of, belonging to

שלה (19) Hers

שלהם (4) Theirs (masculine)

שלו (5) His

שלום (2) Hello!

שלוש (4) Three (feminine)

שלושה Three (masculine)

שלושים Thirty

שלי (46) Mine, my

שלישי Third

שלך Yours (singular)

שלנו (9) Ours

שם (8) There

שם Name (as in "my name is...")

שמאל Left (as in political left)

שמאלי Left (as in left breast)

שמות Names

שמח Happy (masculine singular)

שמחה (3) Happy (feminine singular)

שמי My name

שמעון Simon

שמרנים Conservative

שנה (5) Year

שני Second (as in the second week)

שני (2) Two (masculine)

שנתיים (3) Two years

שעות Hours

שעות הקבלה Office hours

שפות Languages

שרה Sara

שתי Two (feminine)

ת

תאונת עבודה Work accident

תאילנד Thailand

תדע She will know

תומכים ב... Support (as in "they support Israel")

תיכון (2) Middle (as in the Middle East)

תינוק Baby

תל-אביב Tel Aviv

תמונה Picture, photo

תמונות Pictures, photos

תמיד (10) Always

תנועה Movement (as in the Zionist movement)

תקליטורים CDs

תקציב Budget

תרגיל Exercise (noun)